रति का कंगन

(नाटक)

रति का कंगन

सुरेन्द्र वर्मा

वाणी प्रकाशन

वाणी प्रकाशन

4695, 21-ए, दरियागंज, नयी दिल्ली 110 002

फ़ोन : +91 11 23273167 फ़ैक्स : +91 11 23275710

शाखाएँ

अशोक राजपथ, पटना 800 004, बिहार

कॉफ़ी हाउस कैम्पस, महात्मा गांधी मार्ग, इलाहाबाद 211 001, उत्तर प्रदेश

महात्मा गांधी अन्तरराष्ट्रीय हिन्दी विश्वविद्यालय, वर्धा 442 001, महाराष्ट्र

36/ए, शेक्सपीयर सरणी, रानी बिरला गर्ल्स कॉलेज के पास, कोलकाता 700 017, प. बंगाल

www.vaniprakashan.com
marketing@vaniprakashan.in
sales@vaniprakashan.in

Rati Ka Kangan
by Surendra Verma

ISBN : 978-81-19014-38-5
Play

पेपरबैक प्रथम संस्करण 2023

मूल्य : ₹ 225

आर.के. ऑफ़सेट, शाहदरा, दिल्ली-110 032 में मुद्रित

वाणी प्रकाशन का लोगो मक़बूल फ़िदा हुसेन की कूची से

रति का कंगन

पात्र

सूत्रधार
मल्लिनाग
कौटिल्य
सन्दीपन
वियोगी
तुंगभद्र
मकरन्द
सोमदत्त
सुरक्षाकर्मी
प्रेम-सुरक्षाकर्मी
कुछ पुरुष

अम्बा
श्रीवल्लरी
लवंगलता
कोकिला
मेघाम्बरा
मंजुलसेना
कुछ भावजें
युवती पत्रकार
कुछ स्त्रियाँ

सतत : 1

(प्रकाश होने के साथ गायकवृन्द अपनी जगह पर हैं)

गायकवृन्द : कामोत्सव की बेला आयी
जिसमें सूरज नहीं डूबता/ऐसा है वह शासन
नहीं हिला है, नहीं हिलेगा/कामदेव-सिंहासन
पुष्पधनुष शोभित हाथों में/भौंरों की है डोरी
आम्रमंजरी तीर-चन्द्रमा/यौवन बना चकोरी
कोयल हैं वैतालिक जिसकी/मनोकामना वाहन
मित्र वसन्त मनोहर जिसका/कामज्वार आवाहन
(संगीत और नृत्य में तीव्रता आती जाती है)
वह है मृदंग का घोष घना/ये मर्दल के आरोही सुर
उद्धत उमंग वंशी-तरंग/उनसे गठबन्धन को आतुर
पी-पी केसरिया अंगराग/बेसुध-सा बौराया समीर
करधनि-झालर, चर्चरी-थाप/पायल-मिलाप को हैं अधीर
झिलमिल झाँकी हैं इन्द्रधनुष/सतरंगी लाल-गुलालों की
काजल-रेखाएँ पिघला दें/तपती साँसें मतवालों की
हर पुरुष-वक्ष ज्यों विकल यक्ष/रति के कंगन की छाप-सजा
हर रूप-नटी अनुराग-हठी/उड़ता आँचल है काम-ध्वजा
बिखरें-छितराएँ पंखुरि-दल/पग-चपल नृत्य-मुद्राओं में
कंकण-किंकिणि सीत्कार करें...
(एक गायिका काम-सीत्कार करती है)
...उद्दीप्त काम-मुद्राओं में
चन्दन-सुगन्ध-विश्शेषक पर/कुन्तल क्रीड़ाएँ अलबेली
मुक्तामाला की चकाचौंध/उद्धत तगड़ी की अठखेली

उद्धत तगड़ी चांचल्यभरी/सम पर रुनझुन देती ताली
अंजन में यौवन की उमंग/नैनों में अनुरागी लाली
गाएँ कामिनी उन्माद-छन्द/खुल-खुल जाएँ कंचुकी बन्द
ये हंस-युग्म किल्लोल करें/प्रमदाएँ मदिरा-घूँट भरें
मदमस्त सुवासित साँसों से/खिल जाए बकुल की डाली

(सूत्रधार मुस्कान के साथ आता है)

सूत्रधार : नमस्कार! आपका यह सोचना बहुत स्वाभाविक है कि आज वन्सतोत्सव होगा, तभी नये नाटक का प्रदर्शन हो रहा है, सच्चाई यह है कि आप आ गये, तो हमारा वसन्तोत्सव हो गया! यानी आज का दिन बिलकुल सामान्य है, पर यह सच है कि *(राज़ के ढंग से)* आर्यावर्त की विभूतियाँ जो हैं, सो बहुत सोच-समझ कर विशेष दिन जन्म लेती रही हैं, जैसे शरत्पूर्णिमा को—ताकि उनकी महानता आरम्भ से ही स्वयंसिद्ध रहे और इतिहासकारों को सरलता हो जाए!

(अगली पंक्ति के बीच मल्लिनाग का पुस्तक लिये प्रवेश, पढ़ने लगता है)

सूत्रधार : अब इसे भाग्य की विडम्बना ही कहा जाएगा कि हमारे चरितनायक जब भूलोक पर आये, तो उस तिथि में कोई शुभम, कोई रूपम नहीं था, और करेले पर नीम-चढ़ी विडम्बना यह कि उन्होंने विधवा माँ की कोख से जन्म लिया और पिता की मौत भी बिलकुल असंगत—दातुन तोड़ते हुए वन में गीदड़ से बचने के लिए भागे और गहरी खाई में जा गिरे। जैसा कि विधवा अम्बा के साथ होता है, उन्होंने सपना पाल लिया कि दूध-पीता यह बालक बड़ा होकर महान बनेगा। किस क्षेत्र में महान? इस बारे में उनकी कल्पना क्रियाशील नहीं हुई। पर बालक को महानता के अपने क्षेत्र का तभी से बोध था! पड़ोस की भावज ने रोते हुए शिशु को वक्ष से लगा लिया। बन्धुवर ने आवेश में आकर ऐसे रसपान किया कि—*(राज़ के ढंग से)* भावज बेचारी सहज ही उत्तेजना को प्राप्त हो गयीं! अब स्त्रियों को तो आप जानते ही हैं, दुधमुँहे बच्चे को वक्ष से सटाना उनकी बड़ी मोहक दुर्बलता है, मल्लिनाग इससे भरपूर लाभान्वित हुए और जब उन्होंने 'कामसूत्र' में दुग्ध-पात्रों का वर्गीकरण, विवेचन, और मूल्यांकन किया, तो अपने जीवन

के इस काल को बड़ी हसरत से याद करते पाए गये!
(पिछली पंक्तियों के बीच भावज-1 झाँक कर मल्लिनाग को बुलाती है, वह जाता है)

सूत्रधार : ग्राम में एक भविष्यवेत्ता थे, बालक बड़ा होकर किस दिशा में जाएगा, इसका अनुमान लगाने के लिए वह बड़ी मौलिक चाल चलते थे, उन्होंने मल्लिनाग के सामने दो पुस्तकें बढ़ायीं 'वैराग्यशतक'— चिकने भोजपत्र, और चमकीले आवरण वाली, और 'शृंगारशतक'— सादी और पुरानी।
(मल्लिनाग और भावज-1 वार्तालाप के साथ पालक चुन रहे हैं)

सूत्रधार : मल्लिनाग ने दोनों पुस्तकें सूँघीं, कामना-सुवास पहचानी, और 'शृंगारशतक' का चुनाव कर लिया।

गायकवृन्द : कामना-सुवास आ रही नया प्रेम-छन्द गा रही—
(सन्दीपन मंच के एक ओर से बहुत तनाव के साथ प्रवेश करता है, सब फ्रीज़ हो जाते हैं)

सन्दीपन : *(बौराया-सा)* दे दो, केवल एक, दो नहीं, चार नहीं—केवल एक, दे दो—
(मंच के दूसरी ओर से निकल जाता है, दूसरे पात्र चैतन्य होते हैं)

सूत्रधार : मल्लिनाग न केवल कर्मवीर रहे हैं, बल्कि एक साथ दुहरी और तिहरी कार्यसिद्धि भी करते आये हैं। ग्राम से पाठशाला गये, तो लगे-हाथों एक पड़ोसी का घोड़ा पहुँचा दिया, उस पर बैठकर पाठ याद करके समय और श्रम दोनों बचा लिये, साथ एक बालक को आरोहण से आनन्दित करके उससे काँसे की मुद्रा भी ले ली, और जहाँ घोड़ा देना था, वहाँ की गृहस्वामिनी से कलेवा भी सुलभ कर लिया।
(अगले संवाद के साथ मल्लिनाग आकर बैठता है और ग्रन्थ का पाठ करने लगता है)

सूत्रधार : मल्लिनाग की जीवनशैली की धुरी एक थी—वह ऐसा कोई काम नहीं करना चाहते थे, जिसमें उनका लाभ न हो।
(भावज-2 का प्रवेश)

भावज-2 : *(उत्साह से)* मल्लिनाग, केवट ने मुझे आधे दिन के लिए नाव दे दी है। जल-विहार में मेरे साथी बनकर चप्पू भी चलाना और

अपना पाठ भी पढ़ते जाना।

मल्लिनाग : इसमें मेरा क्या लाभ है? पाठ तो मैं किनारे बैठकर पढ़ ही रहा हूँ।

भावज-2 : बीच-बीच में मछलियाँ भी देखते रहना।

मल्लिनाग : वे तो मैं देखता ही रहता हूँ।

(फिर पढ़ने लगता है)

भावज-2 : *(गम्भीरता से)* एक पहर में पाँच के हिसाब से चुम्बन ले लेना।

मल्लिनाग : *(पृष्ठ से नज़र उठाये बिना)* दस—

भावज-2 : ठीक है।

मल्लिनाग : जहाँ मैं चाहूँ—

भावज-2 : *(दुलार से चुटकी काटते हुए)* बड़े ढीठ हो तुम।

(दोनों जाते हैं)

सूत्रधार : भावज-समुदाय में देवर का यह पारिश्रमिक देखते-देखते घनघोर लोकप्रिय हो गया। विद्वानों का विचार है कि चुम्बन वर्गीकरण अध्याय की आधारभूत सामग्री उन्होंने इसी काल में जुटायी थी।

(अगले संवाद के साथ मल्लिनाग और कौटिल्य बात करते हुए आते हैं)

सूत्रधार : आर्य कौटिल्य ने जब इस मौलिक लेन-देन शैली के बारे में सुना, तो बोले—

कौटिल्य : *(हल्की मुस्कान से)* स्वार्थ की महत्ता पर तुम्हारे चिन्तन के बारे में सुना।

मल्लिनाग : *(पूरी गम्भीरता से)* मेरा मानना है तात कि स्वार्थ सकारात्मक और गरिमाभरी भावना है। जिस व्यक्ति के जीवन में यह केन्द्रीय होती है, उसे विकास राजमार्ग पर आगे बढ़ने के लिए सदा प्रेरित करती है। स्वार्थ का सम्बन्ध किसी न किसी रूप में अर्थ से होगा ही। इसलिए स्वार्थी और कुछ चाहे हो या न हो, धनवान अवश्य होगा, तब उसे सहायकों और सेवकों की आवश्यकता होगी, यानी वह कुछ व्यक्तियों के लिए आजीविका जुटाएगा, अपने अतिरिक्त पैसे का निवेश करेगा और राष्ट्रीय उत्पादन बढ़ाने में योगदान देगा। आज स्वार्थी को नीची दृष्टि से देखा जाता है। मेरे ग्रन्थ के प्रकाशन के बाद उसे उचित सम्मान मिलने लगेगा।

कौटिल्य : *(प्रभावित होने का नाटक करते हुए)* और उससे भी पहले तुमको!

(मल्लिनाग मुस्कान के साथ अदा से गर्दन झुकाता है)

(भावज-3 झाँकती है)

भावज-3 : आओ मल्लिनाग, मन्दिर जाना है न!

मल्लिनाग : आया भावज...

(भावज-3 का प्रस्थान)

कौटिल्य : तुम भावजों के मोहजाल से बाहर निकलो।

मल्लिनाग : उससे क्या होगा? किसी दूसरे मोहजाल में फँसूँगा।

कौटिल्य : क्यों?

मल्लिनाग : किसी न किसी मोहजाल में फँसना ही तो जीवन का सत्य है।

कौटिल्य : यह किसकी जीवन-दृष्टि है?

मल्लिनाग : मेरी, अपने अनुभव से यहाँ तक पहुँचा हूँ। इसे आनन्दमार्गी दृष्टि नाम दिया है मैंने।

कौटिल्य : *(गम्भीरता के आवरण में व्यंग्य करता है)* भारतीय चिन्तन के इतिहास में तुम अपना नाम लिखवाए बिना मानोगे नहीं!

(मल्लिनाग फिर लजा कर मुस्कुराने की अदा दिखाता है। उमंगवती युवतियों की टोली वाग्दत्ता और सेहरे-जैसे पुष्पाच्छादन-सम्पन्न लँगड़ा कर चलते मंगेतर को बीच में घेरे गाती हुई आती हैं। अम्बा मुस्कान के साथ आकर सूत्रधार के पास खड़ी हो जाती है। गीत के बीच कौटिल्य का प्रस्थान)

गायकवृन्द : अभिलाषा की लाली ने
पहनाया रति का कंगन!
चंचल नैनों वाली ने
पहनाया रति का कंगन!
पुष्पधनुष मतवाली ने
पहनाया रति का कंगन!
अहा, काम उत्पाती ने
पहनाया रति का कंगन!
प्रेम-सुधा मदमाती ने
पहनाया रति का कंगन!

(अम्बा मुद्रा हाथ में होने के मूकाभिनय के साथ मंगेतर की बलाएँ लेकर एक युवती को देती है, उसका पुष्पाच्छादन हटा

कर मुँह देखती है। वह ख़ासा कुरूप है)

सूत्रधार : आहा हा...कैसा रूप है!

(मंगेतर शर्मीली मुस्कान से पुष्पाच्छादन में चेहरा छिपाता है, टोली गाती हुई जाने लगती है)

अम्बा : *(मंगेतर की ओर संकेत के साथ गुस्से से)* लो, जनार्दन तक को मिल गया रति का कंगन! *(मल्लिनाग को एक चपत लगा सकती है)* बस, मल्लिनाग रहेगा निरा ठूँठ का ठूँठ! अरे मैं बहू की अभिलाषा लिये चिता पर चढ़ जाऊँगी, पर इस निखट्टू पर भाग्यलक्ष्मी नहीं मुस्कुराने वाली! इसको रति का कंगन कोई नहीं पहनाने वाली!

(अगले संवाद के साथ अम्बा और मल्लिनाग फ्रीज़ हो जाते हैं)

सूत्रधार : *(दर्शकों से)* कौन-सी बला है रति का कंगन और क्यों है उसकी इतनी महत्ता? जैसे आर्यावर्त में छै ऋतुएँ आती हैं, वैसे ही सातवीं भी नियमित रूप से अपना प्रकोप दिखाती है—युद्ध की ऋतु, अब मान लीजिए कि पच्चीस सहस्र का सैन्य-दल गया शत्रु से जूझने, तो वही संख्या वापस तो नहीं लौट सकती न! कोई प्रतिशत वीरगत्ति को प्राप्त हो गया, कोई युद्धबन्दी बन गया, कोई भगोड़ा हो गया, तो कोई अपाहिज। पर कन्या-कलिकाएँ जो हैं, सो अपने उसी प्रतिशत से जन्म लेती रहीं और खिल कर पुष्प बनती रहीं। पिछले सर्वेक्षण से मालूम हुआ कि सौ युवकों पर युवतियाँ केवल छियासठ बची हैं!

(अम्बा और मल्लिनाग चैतन्य हो जाते हैं)

अम्बा : *(चिन्ता से)* हाय राम, सैकड़े में चौंतीस युवक कुआँरे रह जाएँगे?

सूत्रधार : *(अतिरंजित दुःख से)* विधि के विधान को कौन टाल सकता है अम्बे?

अम्बा : और यह भाग्यजला उनमें से एक होगा?

सूत्रधार : *(समझाने के सुर में)* देखो मल्लिनाग, अब तुम अपना कर्तव्य पहचानो और किसी सुन्दर-सुघड़ युवती से प्रेम कर लो।

मल्लिनाग : क्या पेड़ पर लगती है सुन्दर-सुघड़ युवती, जो तोड़ कर ले आऊँ?

अम्बा : *(उलाहने के सुर में)* हाँ, जनार्दन ने (पेड़ की ओर संकेत के साथ) इसी मौलिश्री पेड़ से ही तो तोड़ी है!

मल्लिनाग : अब कोई युवती मुझे इस योग्य नहीं समझती, तो मैं क्या करूँ?

अम्बा : तू देवर की मनभाई पदवी नहीं छोड़ेगा, तो कोई युवती तुझे देखेगी क्यों?

(भावज-4 झाँकती है)

भावज-4 : अम्बे, तनिक मल्लिनाग को मेरे साथ भेज देंगीं?

सूत्रधार : *(व्यंग्य से)* आपका कौन-सा यज्ञ इसके बिना रुका हुआ है?

भावज-4 : *(नखरे से)* पादुकाओं का माप देने जाना है मुझे।

सूत्रधार : पाँव आपके हैं, माप चर्मकार को लेना है, इसमें मल्लिनाग क्या करेगा?

भावज-4 : सच्ची बात यह है कि इसके साथ हाहा-ठीठी किये बिना मेरा आहार पचता नहीं। *(मल्लिनाग— जिसने अपराध भाव से सिर झुका लिया है— की चिबुक के नीचे उँगली रख उसे ऊपर उठाते हुए)* मेरा दुलारा देवर मेरी आत्मा का भोजन है!

सूत्रधार : *(आँखें तरेर कर मल्लिनाग को देखते हुए)* ले जाओ बहूरानी, पुण्य का काम है।

मल्लिनाग : *(सूत्रधार से)* तुम नदी-किनारे पहुँचो। मैं एक पहर में आता हूँ। *(सबके प्रस्थान के साथ प्रकाश-व्यवस्था बदलती है। सूत्रधार बूटियाँ चुनने का मूकाभिनय कर रहा है। मल्लिनाग आता है)*

सूत्रधार : *(आरोप से)* यह तुम्हारा एक पहर पूरा हुआ?

मल्लिनाग : *(अपराध भाव से)* भावज मैके गयी हैं। उन्हें राजमार्ग तक छोड़ने गया था। वहीं से उन्हें सार्थवाह मिलेगा।

सूत्रधार : *(पल भर घूर कर देखता है)* चलो, बूटियाँ चुनो।

(मल्लिनाग कुछ पल चुनने का मूकाभिनय करता है)

मल्लिनाग : *(नर्मी से)* मैं एक छोटा-सा दायित्व निभा कर दो घड़ी में आ जाऊँ?

सूत्रधार : *(चिड़चिड़ा कर)* अब कौन-से दायित्व का बोझ है तुम्हारे ऊपर?

मल्लिनाग : भावज की मेखला का टूटा काँटा स्वर्णकार ने अब तक ठीक कर दिया होगा। बेचारी भावज को समारोह में जाना है। बस, वायु के वेग से स्वर्णकार के पास गया, मेखला लेकर धारासार वर्षा के वेग से भावज तक पहुँचा, और प्रभंजन के वेग से यहाँ लौटा।

सूत्रधार : *(क्रोध से)* अभी-अभी तुमने कहा कि भावज को राजमार्ग छोड़

कर आ रहे हो। एक पहर में वह मैके पहुँच गयीं और वापस भी लौट आयीं?

मल्लिनाग : वह सुकुमारी भावज थीं, यह दुलारी भावज हैं।

सूत्रधार : *(दाँत पीसते हुए)* कुटिल कामनावान, आज मैं छूत की बीमारी की तरह फैली तुम्हारी सारी भावजों की सूची बनाता हूँ। *(लिखने का मूकाभिनय करते हुए)* बोलो।

मल्लिनाग : डाँट क्यों रहे हो?

(सूत्रधार गुस्से से देखता है)

मल्लिनाग : उत्तमपुर की बिम्बोधरी भावज, मध्यमपुर की पीनपयोधरी भावज...

सूत्रधार : *(व्यंग्य से)* बृहद्नितम्बिनी भावज को क्यों छोड़ दिया?

मल्लिनाग : *(बुरा मानते हुए)* मेरी सारी भावजें बृहद्नितम्बिनी हैं, कोई कष्ट है तुम्हें?

सूत्रधार : सारी नायिकाओं के उदाहरण इकट्ठे कर रखे हैं तुमने कि कोई छोड़ा भी है?

मल्लिनाग : अनुभव और ज्ञान अधूरा क्यों रहना चाहिए? चिन्तन की सार्थकता तभी है, जब वह अपनी सम्पूर्णता प्राप्त करे।

सूत्रधार : तुम जीवन के सच्चे यथार्थ से मुँह मोड़ कर भावजों के यथार्थ में क्यों डूबे रहते हो?

मल्लिनाग : भावजों का यथार्थ जीवन के यथार्थ का ही एक अंग है। मेरी भावजों पर कटाक्ष मत किया करो—हाँ—मुझे बहुत पीड़ा होती है। *(जाने लगता है। सूत्रधार भी जाता है)*

गायकवृन्द : बड़ी रसीली बड़ी कटीली भावजें रंगरँगीली छैलछबीली भावजें
(युवक-युवतियाँ जोड़ों में नाच रहे हैं, जोड़े बदलते जाते हैं)
मरुस्थल में कुछ गीली-गीली भावजें
कसे बीन के तार सुरीली भावजें—
(सूत्रधार के साथ मल्लिनाग का हाथ में 'रामायण' लिये प्रवेश। दूसरी ओर से वियोगी आता है, नाचते जोड़ों को क्रोध से देखता है)

सूत्रधार : वियोगीजी, प्रणाम!

(अगले संवाद के बीच नाच वाले भाग में अन्धकार होने लगता है)

वियोगी : *(खेद से)* छीः छीः, क्या हो गया है नयी पीढ़ी को? उद्यान में युवक-युवतियाँ दिनदहाड़े आपानक के साथ नृत्य-किल्लोल कर रहे हैं। ऐसे लीला-विलास से नये समाज का निर्माण होगा?

सूत्रधार : वे कहते हैं कि जीवन से आनन्दित हो रहे हैं।

वियोगी : यह आनन्द नहीं, विष है।

(मल्लिनाग की पुस्तक पर ध्यान जाता है)

वियोगी : *(आशंका से)* हाथ में क्या है? *(पुस्तक देखता है)* 'रामायण'— *(प्रसन्न हो जाता है)* सुन्दर, अति सुन्दर, कैसा धीर-गम्भीर नवयुवक है! नगर के वातावरण में जो छिछोरी वायु बहती है, तुम्हें छू नहीं सकी। यह तो उपहार संस्करण है?

मल्लिनाग : वर्षगाँठ पर उपहार है—भावज के लिए।

सूत्रधार : *(स्नेह के आवरण में व्यंग्य से)* कौन-सी भावज? यह और बता दो वियोगीजी को।

मल्लिनाग : *(भोलेपन से)* कोमलांगी भावज!

वियोगी : *(प्रशंसा के सुर में)* बड़ों के लिए ऐसा ही सेवाभाव होना चाहिए।

मल्लिनाग : मैं हर दूसरे दिन उन्हें हनुमान मन्दिर ले जाता हूँ।

सूत्रधार : *(स्वगत)* वहीं परिक्रमा करते हुए बालब्रह्मचारी मूर्ति के बिलकुल पीछे खम्भे की ओट में चुम्बन सम्पन्न होगा!

वियोगी : *(प्रशंसा के भाव से)* नियम से मन्दिर जाते हो?

मल्लिनाग : पन्द्रह वर्ष से नागा नहीं हुआ।

वियोगी : इस देश की धार्मिक धरोहर हम जैसों के कन्धों पर ही है। *(शाबाशी के भाव से उसकी पीठ थपथपाता है। सन्दीपन पुकार लगाते हुए आता है)*

सन्दीपन : एक पोथी में तीन देवता ले लो।

सूत्रधार : कितनी बिक्री हुई सन्दीपनजी?

सन्दीपन : पतन को प्राप्त हो चुके हैं सब! केवल एक कांस्य मुद्रा में तीनों लगा दीं, *(दिखाता है)* शिव-स्तुति, लक्ष्मी-पूजन, और गणेश-वन्दना, पर दिन भर में बिकी हैं केवल ग्यारह प्रतियाँ...

वियोगी : छी: छी: ...

सन्दीपन : कोई बता दे मुझे कि आर्यावर्त का प्रकाशक कैसे जिएगा? *(मल्लिनाग की पुस्तक देखता है)* 'रामायण' और 'महाभारत' न होतीं, तो इस देश के प्रकाशकों का भट्टा बैठ जाता, पर हाय रे दुर्भाग्य, सोने की उस खान में मेरी घुसपैठ नहीं हो सकती।

मल्लिनाग : सो क्यों?

सन्दीपन : दो महारथी दस पीढ़ियों से शिला बन कर अचल हैं। कालजयी

ग्रन्थ हैं, सो लेखक को मानदेय तो देना नहीं। एक स्वर्ण मुद्रा मूल्य पर उनकी लागत कठिनाई से पाँच रजत मुद्रा आती है, क्योंकि संस्करण संख्या विशाल होती है। दस लक्ष से कम छापते ही नहीं। महानगर और लघु नगर को तो छोड़ो, गाँव तक में उनका विक्रेता-जाल फैला हुआ है।

वियोगी : कोकिलाजी भी तो विक्रय करती हैं?

सन्दीपन : परमहंस प्रकाशन चल रहा है तो उनके बूते पर। आजकल पूर्वी महादेश के दौरे पर हैं। पर जब तक हमारे हाथ एक शीघ्र बिक्री ग्रन्थ नहीं आता, तब तक नहीं हो सकता हमारा उद्धार— *(आर्त्त भाव से पुकार लगाता हुआ जाता है)* दे दो प्रभु— केवल एक—और मत सताओ, दे दो—

(यहाँ अन्धकार के साथ दूसरी जगह प्रकाश होता है। कुछ भावजें रोदन कर रही हैं, मल्लिनाग कन्धे पर पोटली लटकाये विदा ले रहा है)

मल्लिनाग : मत रोओ भावज!

भावज-1 : तुम्हारे बिना हम जिएँगे कैसे?

भावज-3 : मत जाओ देवरजी!

मल्लिनाग : स्नातक बन चुका हूँ। अब लघु प्रबन्ध लिखना है मुझे— 'आर्यावर्त युवतीसमाज की शृंगार-योजना : एक समाजशास्त्रीय अध्ययन'।

भावज-4 : तुम भावजों के ऊपर शोधप्रबन्ध क्यों नहीं लिखते?

भावज-2 : हम अपने पति के बिना अपने जीवन की कल्पना कर सकते हैं...

भावज-3 : दुलारे देवर के बिना नहीं।

सूत्रधार : बहूरानियो!

(भावजें चुप हो जाती हैं)

सूत्रधार : *(सख़्ती से)* मल्लिनाग के जीवन का भावज युग समाप्त हो रहा है और स्वायत्त पुरुष के रूप में नये युग का आरम्भ...

भावज-1 : सो क्यों?

मल्लिनाग : हम दोनों को एक-दूसरे के व्यक्तित्व विकास में जो योग देना था, सो दे चुके। अब हमारा वियोग बिन्दु आ गया।

भावज-4 : *(तड़प कर)* क्यों चाहते हो हमसे वियोग?

मल्लिनाग : *(अपने वक्ष की ओर संकेत करते हुए)* यहाँ पारिवारिक कक्ष है, मित्र कक्ष है, लेकिन आत्मीयता कक्ष सूना पड़ा है।

भावज-3 : हम तो हैं वहाँ!

मल्लिनाग : तुम नहीं हो सकतीं, क्योंकि फिर तुम्हारे पतिदेव कहाँ जाएँगे?
(भावजें चुप हैं)

मल्लिनाग : अब मैं किसी अकेली युवती छवि को देखूँगा और उसकी आँखों से अपने आपको! इसी को ज्ञानीजनों ने आत्म-विस्तार कहा है।
(सूत्रधार के गले लगता है, चलने लगता है। भावजें विह्वल हैं)

गायकवृन्द : याद बहुत आएगी देवर, याद बहुत आएगी
चोरी चुम्बन, राग ठिठोली
रस की बातें, चंचल घातें
होली आएगी रसवंती कितना तरसाएगी
याद बहुत आएगी
(मल्लिनाग मंच के चक्कर लगा रहा है)

सूत्रधार : मल्लिनाग चल निकले।
(कुछ युवतियों का नृत्य-मुद्राओं में प्रवेश। आगे के गीत के अनुरूप गतियाँ लेती हैं। मल्लिनाग चल रहा है)

गायकवृन्द : चलो सखी कहीं मटकें
झूमें नवयौवन के मद से
इठलाएँ बेलों के कद से
(मल्लिनाग युवतियों का शृंगार देखता है, अपनी पोथी में कुछ लिखता है, फिर चलने लगता है)
कुछ बहकें और कुछ बहकाएँ
प्रेम-डाल पर लटकें
चलो सखी कहीं मटकें

सूत्रधार : पहले उन्होंने गुह्य देश व गंगासागर के दर्शन किये, फिर हाथियों के पुल से कपिशा नदी पार करके कलिंग देश देखा, फिर महेन्द्र पर्वत पर पान के पत्तों का चषक बना कर नारियल की मदिरा से तृप्त हुए। फिर दक्षिणापथ पर बढ़े और कावेरी के तट पर पकी सुपारियों के वृक्ष तले सांवली-सलोनी युवतियों को देखा। जितनी तरह की युवतियाँ थीं, उतनी ही तरह की शृंगार योजनाएँ...

गायकवृन्द : कहीं चुहल, कहीं वातारस हो
नखरों की झंकार सरस हो
बाहुबन्ध में बँधे किसी के
ताप बढ़ा कर सटकें
चलो सखी कहीं मटकें
(मल्लिनाग युवती-2 के पास आता है)

मल्लिनाग : यौवनविभोरे, तुम्हारे घने और लम्बे केश हैं, लेकिन तुमने जो वेणी गूँथ रखी है, वह तुम्हारे अंडाकार मुखमंडल से मेल नहीं खा रही, अनुमति दो तो मैं सही केशविन्यास कर दूँ?

युवती-2 : अगर तुम्हारा केशविन्यास मुझे रुचिकर नहीं लगा तो?

मल्लिनाग : तो मैं पुरानी शैली में तुम्हारी वेणी फिर गूँथ दूँगा कामना-मैना, और दण्ड के रूप में एक सप्ताह तुम्हारा घर बुहारा करूँगा।

युवती-2 : *(मुस्कान से)* स्वीकार है।
(मल्लिनाग केश-सज्जा का मूकाभिनय करता है। दूसरी युवतियाँ देख रही हैं)

सूत्रधार : मल्लिनाग ने वर्तुल वक्र शैली में नयी सज्जा कर दी।

युवती-2 : *(दर्पण देखते हुए मुग्ध हो जाती है)* मनोरम प्रसाधक, तुमने तो मेरे रूप में चार चाँद लगा दिये!
(दो रजत मुद्राओं का पारिश्रमिक देती है। मंच पर युवतियों की तालियाँ, मल्लिनाग झुक कर आभार प्रकट करता है। मंच के इस भाग में अन्धकार)

सूत्रधार : भावज-समाज के सौजन्य से मल्लिनाग को पाँवों में आलता, हथेलियों पर मेंहदी, और कपोलों, नितम्बों, व उरोजों पर विशेषक-रचना के साथ-साथ, वेणी गूँथने के प्रकारों में भी परम कुशलता प्राप्त थी। सच्चाई यह है कि उनकी क्षमता यहीं तक सीमित नहीं थी।
(मंच के दूसरे भाग में प्रकाश। मल्लिनाग युवती-3 की पीठ में मालिश कर रहा है)

सूत्रधार : जब दो दिन बाद विशेषक बनवाती एक स्त्री ने कमर पीड़ा से सीत्कार भरा, तो करुणा से छलछलाते मल्लिनाग यह कैसे छिपा सकते थे कि वह राष्ट्रीय स्तर के संवाहक अर्थात् मालिशी भी हैं! और जहाँ तक नारी देह का प्रश्न है, पिछली ओर कटि के नीचे और अगली ओर कटि के ऊपर जो कुछ पाया जाता

है, वहाँ तक पीड़ा को खींच कर उसका शमन करने में वे विशेष रूप से सिद्धहस्त हैं! पीड़ा थी स्त्री के सिर में, इसलिए मल्लिनाग सीधे मस्तक-सम्पुटन विधि का व्यवहार करके उसको चैन दे सकते थे, लेकिन तब उनके भीतर अँगड़ाई लेते काम-कौतूहल का क्या होता? इसलिए वह कटि-प्रसून विधि अपनाते हुए पीड़ा को कटि तक ले आये, जिससे उस बेचारी का उत्तेजित होना स्वाभाविक था! फिर उन्होंने पीड़ा के एकांश को *(उरोजों के अभिप्राय का मूकाभिनय करते हुए)* अगली गोलाइयों में स्थानान्तरित करते हुए स्त्री बेचारी का भी *(उसे चित करने का मूकाभिनय करते हुए)* स्थिति-परिवर्तन कर दिया।

(यहाँ या इससे तीन पंक्तियाँ पहले मल्लिनाग व स्त्री वाले भाग में अन्धकार हो जाता है)

सूत्रधार : यहाँ केवल इतना बताना पर्याप्त होगा कि शृंगार कार्यक्रम सन्ध्या बेला प्रारम्भ हुआ था और स्त्री जो थी, सो उसे किसी समारोह में जाने की उतावली थी। पर जैसा कि संसार में होता है, आप जाना कहीं चाहते हैं और पहुँच कहीं और जाते हैं!

(मल्लिनाग प्रकाश-वृत्त में आकर अँगड़ाई लेता है। फिर तत्परता से चलने लगता है, रागिनी)

सूत्रधार : मल्लिनाग जब उस कक्ष से बाहर प्रकट हुए, तो सूर्य की पहली किरण आकाश में फूट रही थी।

(मल्लिनाग मंच का चक्कर लगाता है)

सूत्रधार : इस प्रकार शोधसामग्री संग्रह और आत्म-विकास करते हुए मल्लिनाग आगे बढ़ते गये। इस बीच उन्हें पद्मिनी, चित्रिणी, शंखिनी, और हस्तिनी नायिकाएँ तो मिली हीं, क्षमाशीला, लज्जाप्रिया, निर्लज्जप्रिया, प्रगल्भा, मानवती, समर्पिता, आक्रामिका...

सूत्रधार : *(अपने क्रोध को दबाने के प्रयास के साथ)* रतिसद्भावनाप्रिया, रतिकलहप्रिया, चिरन्तनमुस्कानवती, मोनालिजामुखी, लघुमानवती, गुरुमानवती, प्रचंडगुरुमानवती...

मल्लिनाग : *(मुस्कान से)* प्रेमगर्विता, रूपगर्विता, कामगर्विता, सम्भाषणगर्विता, बुद्धिगर्विता, नारी-अधिकार-जागरूका, शाश्वत-आन्दोलन-

उद्घोषिता, अंगिया-होलिकादहन-आतुरा।

सूत्रधार : *(नाराज़गी)* कैसे दुराचार-अनुष्ठान में लगे हो तुम?

मल्लिनाग : *(आहत होकर)* तुम यह नाम दे रहे हो मेरी ज्ञान-पिपासा को?

सूत्रधार : ज्ञानीजनों ने कहा है, अगर पुरुष अपने पूरे जीवन में केवल एक स्त्री को भलीभाँति जान ले, तो उसे सम्पूर्ण सृष्टि की संरचना का ज्ञान हुआ समझो।

मल्लिनाग : तुम उन ज्ञानीजनों से कहना, ज्ञान की उनकी अवधारणा बहुत सीमित है। अलग-अलग कोटि की हर स्त्री अपने-आप में एक सम्पूर्ण सृष्टि का प्रतीक है।

सूत्रधार : *(स्तब्ध रह जाता है)* और तुम्हें हर कोटि की सम्पूर्ण सृष्टि का ज्ञान चाहिए?

मल्लिनाग : ईश्वर की यही इच्छा है, अन्यथा उनकी रचना क्यों की?

सूत्रधार : *(आरोप के भाव से)* रचना तुम्हारे लिए की है?

मल्लिनाग : तो कामदेव को तीर चलाने के लिए बार-बार मैं ही एकमात्र लक्ष्य क्यों दिखाई देता हूँ? उसने समानान्तर सृष्टियों के हिसाब से मेरे नाम के तीर अलग क्यों रख छोड़े हैं?

सूत्रधार : इन समानान्तर सृष्टियों के चक्कर में तुम अपना मानसिक सन्तुलन खो बैठोगे।

मल्लिनाग : नहीं, अपनी भावना पर मेरा नियन्त्रण है।

सूत्रधार : अरे विश्वामित्र-जैसे दिग्गज धोबीपछाड़ खा गये! तुम कौन-से खेत के कागभुशुंड हो? विश्वामित्र के साथ जो अनहोनी हुई, वह थी त्रासदी, लेकिन तुम्हारे कामना-सुवास पथ पर जब इतिहास अपने को दुहराएगा, तो भीषण कामदी बन जाएगी।

मल्लिनाग : *(आत्मविश्वास की मुस्कान से)* विश्वामित्र पुरातनपन्थी भावना संस्कृति के कार्यकर्ता थे। *(उपहास के सुर में)* वह प्रेम करते थे, प्रतिबद्धता का स्थापत्य रचते थे। मैं उत्तर भावना काल का नागरिक हूँ—मैं प्रेम नहीं करता; अंतरंग लेकिन सीमित आत्मीयता का लेन-देन करता हूँ।

सूत्रधार : मतलब?

मल्लिनाग : बिलकुल प्रारम्भ से ही यह बात स्पष्ट मानी जाती है कि दोनों पक्ष इस सम्बन्ध को अस्थायी समझेंगे, कोई भावना में नहीं बहेगा, ब्याह को गाली समझेगा। दोनों ही पक्ष इस

सम्बन्ध के साथ समानान्तर रूप से दूसरा या दूसरे सम्बन्ध बनाने के लिए स्वतन्त्र होंगे और कोई पक्ष किसी के आत्मीय के बारे में पूछताछ कर सम्बन्ध-गरिमा को ठेस नहीं पहुँचाएगा।

सूत्रधार : *(दाँत पीसता है)* यह सिद्धान्त तुमने विकसित किया है?

मल्लिनाग : परिपाटी के टूटे-फूटे चिह्न तो इधर-उधर मिल जाते थे, लेकिन उसे परिभाषित और व्यवस्थित *(अदा से झुकता है)* तुम्हारे सेवक ने ही किया है। *(गम्भीर हो जाता है)* यह बहुत आवश्यक था कि आज के टुच्चे और लुच्चे समय में स्त्री-पुरुष अपनी भावनात्मक प्रकृति की खोज और पड़ताल करें, आनन्द मार्ग के मुक्त पथिक बनकर अपनी भावनात्मक सम्भावनाओं का सन्धान करें।

सूत्रधार : *(चुनौती के सुर में)* करो सन्धान; मैं भी देख रहा हूँ।
(नेपथ्य से नूपुर की छनक, मल्लिनाग एकदम ठिठकता है, सूँघता है, उस दिशा में आगे बढ़ता है, फिर छनक)

गायकवृन्द : कामना-सुवास आ रही
नया प्रेम-छन्द गा रही
(गीत के साथ मल्लिनाग आँखें बन्द कर गन्ध के सहारे आगे बढ़ता है। श्रीवल्लरी का नूपुर छनकाते हुए मुस्कान के साथ प्रवेश। गीत के अनुरूप मुद्राएँ लेती है। मल्लिनाग आनन्दित हो रहा है। सूत्रधार दोनों को देखता है, जाता है अथवा गायकों के साथ गाने लगता है)

गायकवृन्द : *(नयी लय में)*
फिर परिचय होगा नवल विमल स्पर्शों से
कुछ प्रेम-चुहल, कुछ मीठे-मधुर विमर्शों से
फिर कसा करेंगे व्याकुलता के तार सघन
दिन-प्रतिदिन खिलते अन्तरंग उत्कर्षों से
फिर एक दिवस बढ़ चुकी अपेक्षा काँपेंगी
फिर द्वन्द्व छिड़ेगा आरोप-प्रत्यारोपों का
फिर रोदन, चिन्तन, आत्म-भावमन्थन होगा

एक गायिका : *(आरोप के सुर में)* तुमसे मिलने से पहले परम सुखी थी मैं
इतना दारुण होता प्रेमी/आभारी हूँ इस अनुभव की
अब स्मृतियों के पाटल से तुम धुल जाओ तत्काल सखे—

(श्रीवल्लरी इधर-उधर देखती है, मल्लिनाग के पास आती है)

श्रीवल्लरी : *(एक ओर संकेत करते हुए)* भद्र, यहाँ विशेषक-विशेषज्ञ आचार्य पद्मचन्दन की कार्यशाला हुआ करती थी।

मल्लिनाग : वह श्रावस्ती गये हैं। उनकी अनुपस्थिति में यह दायित्व मेरा है।

श्रीवल्लरी : मुझे प्रतियोगिता के लिए मौलिक विशेषक चाहिए। बहुत कुटिल है मेरी सखी कुन्ता। पता नहीं कहाँ से मौलिक विशेषकों की सचित्र सूची मार लायी है। तीन बरस हो गये, पहला पुरस्कार वही ले जाती है। मैं इतना ध्यान लगाती हूँ, मगर कुछ सूझता नहीं।

मल्लिनाग : *(मुस्कान से)* अगर सबको सूझने लगे, तो हमारे जैसे विशेषज्ञ कहाँ जाएँगे? गंगोत्री?

श्रीवल्लरी : मैं तुम्हारी कुशलता के बारे में कुछ जानती नहीं।

मल्लिनाग : यौवन-मयूरी, केवल एक पहर दे दो मुझे। अगर मेरा काम पसन्द नहीं आया, तो कोई पारिश्रमिक नहीं। और बनने के बाद ही देख सकती हो कि क्या बनाया है!

(श्रीवल्लरी मल्लिनाग को देखती है, सहमति में सिर हिलाती है। प्रकाश-व्यवस्था बदलती है। श्रीवल्लरी का शयनागार। मल्लिनाग उसके उरोज पर विशेषक बना रहा है। कोमल आलाप)

श्रीवल्लरी : युवती विशेष के लिए विशेषक विशेष का चुनाव कैसे किया जाता है?

मल्लिनाग : वैसे मुझे अपने गुर को छिपाना चाहिए, पर तुम्हारे-जैसी कामना-गुलेल को ना भी कैसे कहूँ? होता यह है कि उरोज के आकार और प्रकृति के हिसाब से विशेषक का चुनाव किया जाता है।

श्रीवल्लरी : प्रकृति से क्या अभिप्राय है?

मल्लिनाग : हर जोड़ी का अपना अलग व्यक्तित्व होता है। वे मनमौजी, धीर-गम्भीर, खिलन्दड़े, शान्त और मौन, परिहासप्रिय, आध्यात्मिकता-अपेक्षी, सुख-साधक, और मर्यादा-सजग हो सकते हैं।

श्रीवल्लरी : मेरी एक सखी का आकार सामान्य है—32। वह गम्भीर और चिन्तनशील है। उसके लिए बादल उपयुक्त होगा?

मल्लिनाग : नहीं, क्योंकि वह गति, ठंडक, और अस्थिरता का अर्थ देता है।

श्रीवल्लरी : तो क्या होना चाहिए?

मल्लिनाग : दीप हो सकता है—चिन्तन, मनन, और लगन का सूचक,

गम्भीरता का पर्याय...

श्रीवल्लरी : बादल किसके लिए उपयुक्त होगा?

मल्लिनाग : मोटे रूप से कहा जा सकता है कि जिसका आकार बड़ा हो, मनोवृत्ति में जीवन का उल्लास, प्रकृति के परिवर्तन के लिए उत्तेजना, और प्रेम भावना का सहज स्वीकार...

(श्रीवल्लरी सोचती है)

मल्लिनाग : तुमने अपने लिए पहले क्या सोचा था?

(श्रीवल्लरी मुस्कान के साथ फुसफुसा कर बताती है)

मल्लिनाग : नहीं, बहुत सुडौल और सुन्दर है तुम्हारा आकार! ऐसे नैनरंजक और उत्तेजना-व्यंजक क्रमांक 36 के लिए मैंने जो सोचा है, वही सही है।

श्रीवल्लरी : अब बता भी दो कि क्या है? अधिक तनाव मत दो।

मल्लिनाग : इस मनोरम चित्रपट पर जो कलाकृति अपना स्वरूप ले रही है, उसे कहते हैं श्री कृष्ण की बाँसुरी।

श्रीवल्लरी : सो क्यों?

मल्लिनाग : अनुराग-रागिनी, श्रीकृष्ण एक तो रागरंग के चिरन्तन सारथि हैं; दूसरे, रास-लीला के नियामक; तीसरे, बाँसुरी प्रेमाह्वान की सनातन प्रतीक, जिसकी टेर सुन कर कामिनियों की बौराई टोली वैसे ही दौड़ी चली आती है, जैसे चन्दन-गन्ध की ओर अधीर सर्प-मंडली।

श्रीवल्लरी : मेरे हृदय की गति अचानक बढ़ गयी है।

मल्लिनाग : प्रतियोगिता में खिलाड़ी भावना से खेलना चाहिए। विजय-पराजय दोनों जीवन के अटूट अंग हैं। गीता का निष्काम कर्म सिद्धान्त रूप-क्षेत्र में भी उतना ही सार्थक है, जितना कहीं और।

श्रीवल्लरी : अगर विशेषक-प्रतियोगिता में सचमुच मुझे पहला पुरस्कार मिल गया, तो?

मल्लिनाग : कामना-कपोती, अगर तुम मुझे रूप विशेषज्ञ मान लो, तो एक प्रमाणपत्र तो तुम्हें मिल गया।

श्रीवल्लरी : *(मीठी दृष्टि से उसे देखती है)* चलो, पुरस्कार मिलने से पहले ही अपना पारिश्रमिक ले लो।

(मल्लिनाग को बाँहों में लेकर चूमती है। दोनों फ्रीज़ हो जाते हैं। आलाप। प्रकाश-व्यवस्था बदलने के साथ श्रीवल्लरी का प्रस्थान। मल्लिनाग चिन्तनमग्न है। अगले गीत के बीच सूत्रधार

का प्रवेश)

गायकवृन्द : *(कोमल सुरों में)* कुछ तो होता है
यों ही कोई मिलता है
भीतर कुछ खिलता है
अनजाने ही धीरे धीरे
चंचल चितवन मन्द समीरे
अपनी छवि साँसों में तुम्हारी
सहज पिरोता है
कुछ तो होता है

मल्लिनाग : *(बहका-सा)* मैं प्रेम को प्राप्त हो गया हूँ।

सूत्रधार : तुम्हारा ऐसा पतन नहीं हो सकता।

मल्लिनाग : मैं भी इसी भ्रम में था। पर ज्ञान-चक्षु खुल गये हैं अब। *(अगले संवाद के बीच श्रीवल्लरी आती है, नृत्य-मुद्राओं का अभ्यास करने लगती है)*

सूत्रधार : उन पर काली पट्टी बाँध दो, गान्धारी की बेकार पड़ी है। ले आओ।

मल्लिनाग : इस सच्चाई को झुठलाना अपने होने को झुठलाना होगा। *(मोहक भाव से श्रीवल्लरी को देखता है, पास आता है। सूत्रधार का प्रस्थान)*

मल्लिनाग : श्रीवल्लरी, तुम मेरा कामना कुंकुम और भावना वसन्त हो। अब तुम्हारे दायीं ओर मेरे जीवन का सत्य है।

श्रीवल्लरी : *(उपहास से)* उत्तर-भावना काल में रस सिद्धान्त युग का लिजलिजा प्रणय-निवेदन? मुझे— *(उल्टी करने का स्वांग भरती है)*

मल्लिनाग : *(उसकी बात सुने बिना मुस्कान से)* मैंने कभी नहीं सोचा था कि मेरे जैसा अड़ियल घोड़ा विवाह के लिए ऐसे आकुल हो उठेगा!

श्रीवल्लरी : विवाह संस्था पिछले संवत्सर में छूट चुकी। तुम भी वहीं लौट जाओ।

मल्लिनाग : तो साथ-साथ रहना प्रारम्भ कर देते हैं।

श्रीवल्लरी : पुरुष के साथ रहने में मुझे कोई रुचि नहीं।

मल्लिनाग : तब फिर तुमने मुझसे पुरुष-सेवाएँ क्यों स्वीकार कीं?

श्रीवल्लरी : वह प्रकृति की आवश्यकता है।

मल्लिनाग : साथ रहकर एक-दूसरे का अँधेरा-उजाला बाँटना भी तो प्रकृति की आवश्यकता है।

श्रीवल्लरी : उसके लिए साथ रहना आवश्यक नहीं। वैसे भी मुझमें अपना अँधेरा स्वयं झेलने की सामर्थ्य है।

मल्लिनाग : तुम्हें दु:ख की हिलोर में सान्त्वना का स्पर्श नहीं चाहिए?

श्रीवल्लरी : जीवन की आधारभूत प्रकृति में दु:ख की रंगत घुली-मिली है। मुझे अपना क्षेत्र चाहिए। अकेली शैया पर ही गहरी नींद आती है मुझे।

मल्लिनाग : शैया पर मैं तुम्हें उतना ही क्षेत्र दूँगा, जितना मल्लयोद्धा को चाहिए होता है। बस?

श्रीवल्लरी : भोर की बेला मुझसे न मानवीय स्वर सहन होता है, न मानवीय चेहरा—और पुरुष का तो बिलकुल नहीं।

मल्लिनाग : चाहे वह पुरुष तुम्हारा प्रेमी ही क्यों न हो?

श्रीवल्लरी : प्रेमी संज्ञा अब उतनी ही लिजलिजी हो गयी है, जितनी प्रागैतिहासिक काल में पति थी।

मल्लिनाग : *(आहत भाव से)* तो हमारे बीच जो सम्पन्न हुआ, उसके चलते मैं तुम्हारा कौन हूँ?

श्रीवल्लरी : अस्थायी सहचर।

मल्लिनाग : स्थायी बनने में कितनी देर लगती है?

(प्रेम-सुरक्षाकर्मी का सीटी बजाते हुए प्रवेश)

प्रेम-सुरक्षाकर्मी : क्या कोलाहल हो रहा है? जानते नहीं, रात के तीसरे पहर से विधि क्रमांक 26 लागू हो जाता है? बोलना है, तो फुसफुसा कर बोलो।

मल्लिनाग : मैं इनसे प्रेम करता हूँ।

प्रेम-सुरक्षाकर्मी : वह तुम्हारा मूल अधिकार है।

श्रीवल्लरी : लेकिन मेरा प्रेम में विश्वास ही नहीं।

प्रेम-सुरक्षाकर्मी : वह तुम्हारा मूल अधिकार है।

मल्लिनाग : मैं इनसे निवेदन कर रहा हूँ कि मुझे थोड़ी देर अपने शयनकक्ष में आकर इस विषय पर चर्चा करने दे। मुझे विश्वास है, मैं इनका हृदय-परिवर्तन कर दूँगा।

प्रेम-सुरक्षाकर्मी : तुमको हृदय परिवर्तन प्रयास का मूल अधिकार है।

मल्लिनाग : धन्यवाद!

(श्रीवल्लरी का हाथ पकड़ कर ले जाने लगता है)

श्रीवल्लरी : *(हाथ छुड़ा लेती है)* इनको मेरी इच्छा के विरुद्ध मेरे शयनकक्ष में जाने का अधिकार नहीं।

प्रेम-सुरक्षाकर्मी : *(चौंकता है)* अच्छा? *(पुस्तिका निकाल कर देखता है)* देवी ठीक कह रही हैं।

मल्लिनाग : लेकिन जब तक यह मुझे अवसर नहीं देंगी, मैं इनके हृदय-परिवर्तन का प्रयास कैसे कर सकता हूँ?

प्रेम-सुरक्षाकर्मी : नागरिक की माँग विधि की परिधि में है।

श्रीवल्लरी : इनके प्रयास में मेरी इतनी-सी रुचि नहीं।

प्रेम-सुरक्षाकर्मी : नागरिक का निषेध विधि की परिधि में है।

मल्लिनाग : मैं यहाँ आमरण अनशन कर दूँगा—और वह भी सात जन्म का अग्रिम।

श्रीवल्लरी : आप सुन रहे हैं?

प्रेम-सुरक्षाकर्मी : सात जन्म का अग्रिम अनशन हालाँकि तर्क के परे है, लेकिन विधि की परिधि में है। और जब तक अनशन अहिंसात्मक है, प्रेम-सुरक्षाकर्मी कोई कार्यवाही नहीं कर सकता।

मल्लिनाग : और हर साँस के साथ तुमको अभिशाप दूँगा।

श्रीवल्लरी : आप सुन रहे हैं?

प्रेम-सुरक्षाकर्मी : पौ फटने तक नागरिक फुसफुसा कर शाप दे सकता है। *(पाँच कदम चल कर खड़ा हो जाता है)* अगर इनका शाप मुझे यहाँ सुनाई दे गया, तो पड़ोसियों की निद्रा-भंग करने के अपराध में इन्हें एक दिन का सामान्य कारावास दिया जा सकता है।

मल्लिनाग : सुन्दरी की अलकें नागिन हैं, जो निर्दोष प्रेमी को डँसती हैं।

(श्रीवल्लरी प्रेम-सुरक्षाकर्मी को देखती है)

प्रेम-सुरक्षाकर्मी : नागरिक का शाप नख-शिख वर्णन है और विधि की परिधि में है।

मल्लिनाग : अगर तुम मेरी नहीं हुई, तो किसी की नहीं हो सकती।

श्रीवल्लरी : *(प्रेम-सुरक्षाकर्मी से)* हत्या की धमकी...

प्रेम-सुरक्षाकर्मी : यह प्रेम-क्रोध है और विधि की परिधि में है।

श्रीवल्लरी : यह घातक क्रोध है और विधि की परिधि में नहीं है।

(मल्लिनाग श्रीवल्लरी को अपनी बाँहों में जकड़ लेता है, प्रेम-सुरक्षाकर्मी मल्लिनाग को पकड़ता है, एक-दो प्रेम-सुरक्षाकर्मी और आ जाते हैं, मल्लिनाग को हथकड़ी पहनाते

हैं, बन्दीगृह में बन्द करते हैं)

सूत्रधार : घातक प्रेमी को एकाकी बन्दी बना दिया गया। श्रीवल्लरी ने मल्लिनाग के साथ जो किया, उससे पूरे स्त्री-समाज पर संकट आ गया। आज तक किसी स्त्री ने मल्लिनाग के मर्म पर ऐसा हथौड़ा नहीं चलाया था। प्रेमावेदन के अस्वीकार का दंश तो हुआ ही, उनके पाँच सितारों वाला आत्म-मूल्यांकन भी उबल कर शून्य पर आ गया। जैसी कि प्रथा है, ठुकराए हुए औसत प्रेमी की तरह वह नौ रसों से लबालब, प्रतिहिंसा 'रासो' से लेकर 'विनयपत्रिका' तक की, रागिनी में डूबे-उतराए...

गायकवृन्द : जो घनीभूत पीड़ा थी/अन्तर में स्मृति-सी छायी
असमय ही आँसू बन कर/वह आज बरसने आयी
रोके थे आँसू बरबस/हा हृदय-कूप के तल में
अवसाद-ज्वार लहराया/हड़कम्प मचा जल-थल में
(लय बदलने के साथ चुनौती के सुर में)
मल्लिनाग से वंचित होकर/हाय व्यथा से संचित होकर
जला करेगी पछतावे की आग में/क्यों उसके भावों से खेली फाग में
(लय बदलने के साथ युद्धगीत के सुर में)
प्रतिहिंसा का घोर प्रभंजन/ अब है मेरा जीवन-रंजन विष का घोल बनाऊँगा मैं/मुखड़ा वो झुलसाऊँगा मैं/शूपनखा जब हो जाएगी/तड़पेगी और पछताएगी
(लय बदलने के साथ शोकगीत के सुर में)
प्रेम-निर्झर बह गया है/रेत ज्यों तन रह गया है।
जियो झुलसो और धुआँ दो/निठुर प्रेमी कह गया है।
(लय बदलने के साथ आर्त्तनाद के सुर में)
इस खीसे में अब क्या शेष? क्योंकर हो भावना निवेश?
पूँजी उड़ गयी लेकर मूल/करूँ कहाँ लाभांश वसूल
लो वसन्त में वनश्री झरती/मेरे योग्य नहीं है धरती
मैं बनूँगा आत्महन्ता/दु:खी जीवन का नियन्ता
शोक हाहाकार पीड़ा/व्यथा रोदन अश्रु-क्रीड़ा
(मल्लिनाग जा रहा है)

सूत्रधार : कहाँ जा रहे हो?

मल्लिनाग : हिमालय की वर्तुल चोटी पर। अन्तिम हिचकी तक स्त्री का मुँह नहीं देखूँगा।

सूत्रधार : तुमसे किसने कहा कि वर्तुल चोटी पर किन्नर स्त्री नहीं होगी?

मल्लिनाग : तो उससे भी ऊपर चला जाऊँगा।

सूत्रधार : कितने भी ऊपर चले जाओ, स्त्री से मुक्ति नहीं मिल सकती।

मल्लिनाग : *(विह्वल होकर)* तो क्या करूँ? सम्पूर्ण स्त्री जाति के लिए घृणा के दावानल से झुलसा जा रहा हूँ मैं!

सूत्रधार : समाज में रहते हुए भी स्त्री से दूरी रखी जा सकती है। इससे स्त्री जाति को तुम अधिक पीड़ा पहुँचा पाओगे।

(सन्दीपन का सुस्ती से प्रवेश)

मल्लिनाग : *(उत्साह से)* सन्दीपनजी, मैं आपके लिए तत्काल पुस्तक लिख देता हूँ—'घृणा की पात्र स्त्री जाति : एक प्रेमशास्त्रीय अध्ययन'।

सन्दीपन : *(गिरे स्वर में)* मेरे प्रकाशन का होना-न होना बराबर है। *(ग्रन्थ दिखाते हुए)* प्रकाशक है यह नागदेव...

सूत्रधार : *(शीर्षक पढ़ता है)* भास के समग्र नाटक...

सन्दीपन : देखते-देखते एक कोटि प्रतियाँ बिक गयीं! सुना है कभी? ना-ना करके भी मैं ग्यारह चषक पी गया। जानते हो, महान प्रकाशक कैसे बने वह?

(सूत्रधार और मल्लिनाग नाहीं में सिर हिलाते हैं)

सन्दीपन : नागदेव ने गिरे मन से भास की पहली पुस्तक प्रकाशित की थी। सोचा, मेरे पास कोई नाटक नहीं। मेरी विज्ञापन-पुस्तिका में नाटक खंड होता ही नहीं। कभी कोई टोक भी देता है कि आप कैसे प्रकाशक हैं? नाटक से आपको अपच हो जाता है क्या? नागदेव ने सोचा, पतली-सी पांडुलिपि है, 'महाभारत' के पात्र हैं। कभी गोटी भिड़ गयी, तो पाठ्यक्रम में लग जाएगी। पर छपते ही 'भीम की गदा' का मंचन हो गया, फिर एक के बाद एक तमाम प्रमुख नगरों की मंडलियों ने उसे दुहराया। फिर महान मगध विश्वविद्यालय ने अपने पाठ्यक्रम में लगा लिया। नागदेव संस्करण में प्रतियों की संख्या बढ़ाते गये, पर बिक्री की छटा निर्धन युवती के यौवन की तरह फैलती ही गयी। अब नागदेव की व्यवसाय-बुद्धि ने नागिन की तरह कुंडली मार जीभ लपलपायी। वह हर छै महीने बाद भास

के पास पहुँच जाते, पूज्यवर, नया नाटक चाहिए। भास महाभारत की विषयसूची पर उँगली रखते और भीम, जयद्रथ, या बृहन्नला—जो भी नाम सामने पड़ता, लेखनी चला देते। एक ओर भास की ख्याति बढ़ती गयी, दूसरी ओर नागदेव की चाँदी कटायी। भास की बेटी की परिणय पाँवपखारी में नागदेव ने पाँच सेर सोने-चाँदी के आभूषण दिये थे। भास की आँखें भीग गयी थीं—*(हाथ जोड़कर)* हे प्रभु, अगर मैंने जीवन में एक दिन भी बिना पाप के जाने दिया हो, तो मेरे भी भाग्य-कपाट खोल दो जीवन-उद्धारकर्ता, पाँच सौ पृष्ठों का मोटा ग्रन्थ सुलभ करवा दो, जो गणेश चतुर्थी पर मोदक की तरह धुआँधार बिके—एक केवल एक, लोभ नहीं करता, पाँच-दस नहीं माँगता। एक-केवल एक अब और ना सताओ—दे दो—

(विलाप करते हुए जाता है, मल्लिनाग और सूत्रधार ठिठक जाते हैं, एक दूसरे को देखते हैं। यहाँ अन्धकार के साथ दूसरी जगह प्रकाश होता है, जहाँ कौटिल्य तेजी से टहल रहा है। युवती पत्रकार साथ चलते हुए साक्षात्कार ले रही है, कभी पोथी में कुछ लिखती है)

पत्रकार : आजकल क्या कर रहे हैं आर्य कौटिल्य?

कौटिल्य : अब क्या करना है? खुली शिखा का प्रण पूरा हो गया, 'अर्थशास्त्र' की रचना हो गयी। अब भगवद्भजन कर रहा हूँ, यमदूत की प्रतीक्षा और शान्ति का सन्धान।

पत्रकार : आयु के इस मोड़ पर आपको लगता है कि जो कुछ करना चाहते थे, कर लिया?

कौटिल्य : राजनीतिक चिन्तन, साम्राज्य-निर्माण, और प्रशासन स्थापत्य के रूप में मैंने अपने लक्ष्य पूरे कर लिये।

पत्रकार : लम्बे समय तक प्रतिशोध आपका स्थायी मूल्य रहा। क्या आप उसे एक सकारात्मक भावना मानते हैं?

कौटिल्य : निःसन्देह, क्योंकि उसी ने मुझे रचनात्मक कूटनीति के लिए प्रेरित किया और उसके परिणाम भी व्यापक समाज के लिए कल्याणकारी रहे।

पत्रकार : आप व्यक्ति के रूप में सन्तुष्ट हैं?

(कौटिल्य चुप है। पत्रकार समझ जाती है कि कौटिल्य को

उसका प्रश्न चुभ गया है)

पत्रकार : अगर नहीं, तो कितने? और असन्तोष का भावना-क्षेत्र कौन-सा है?

कौटिल्य : *(तेजी से)* पुराने घावों को क्यों कुरेद रही हैं? मेरे निजी राक्षस अभी निःस्पन्द नहीं। उनमें नयी साँस मत फूँकिए।

पत्रकार : क्या आपने कभी प्रेम किया है?

कौटिल्य : प्रश्न का औचित्य भी देखा कीजिए।

पत्रकार : *(दबती नहीं)* प्रश्न उचित है। अगर आपके व्यक्तित्व के कुछ अनजान पहलू मेरे माध्यम से सामने आ जाते हैं, तभी इस साक्षात्कार की सार्थकता है।

कौटिल्य : *(क्रोध से)* मैं अपने अन्तर के अँधेरे कोनों में झाँकने के लिए प्रस्तुत नहीं।

पत्रकार : जब तक आप अपने निजी राक्षसों की आँखों में आँखें डाल कर उनसे मुठभेड़ नहीं करेंगे, शान्ति आपके पास नहीं फटकेगी। *(जाने लगती है)*

कौटिल्य : ठहरो।

(पत्रकार रुक जाती है। मल्लिनाग का प्रवेश। ठिठक जाता है।)

कौटिल्य : हाँ, हुआ था एक बार—जब आयु थी, तब राजनीति ने अवकाश नहीं दिया, जब अवकाश मिला, तब आयु नहीं रही, प्रेम की मदमाती बयार सुविधा देख कर नहीं आती।

(आत्मलीन हो जाता है। पत्रकार का प्रस्थान, मल्लिनाग आगे आता है, प्रणाम करता है)

कौटिल्य : नारीश्रृंगार का ज्ञान लेकर लौट आये?

मल्लिनाग : हाँ तात! सृष्टि के सारे दुखों का कारण समझ में आ गया।

कौटिल्य : बड़े-बड़े ऋषि-मुनि बीहड़ तपस्या के बावजूद जो नहीं पा सके, वह तुमको केशसज्जा और विशेषक-रचना से मिल गया?

मल्लिनाग : एक सिद्ध से भेंट हो गयी थी।

कौटिल्य : कौन से?

मल्लिनाग : श्रीवल्लरी!

कौटिल्य : *(चौंकता है)* स्त्री साधिका?

मल्लिनाग : हाँ, हालाँकि उनकी साधना-प्रणाली क्रूर और परपीड़क है।

कौटिल्य : और मौलिक भी, क्योंकि आध्यात्मिक साधना में परपीड़न हो,

ऐसा पहली बार सुन रहा हूँ।

मल्लिनाग : जीवन में बहुत कुछ पहली बार होता है तात!

(दोनों चुप हैं, दुःखी सुर, अन्धकार होने के साथ कौटिल्य का प्रस्थान। मंच के दूसरे भाग में प्रकाश होता है, जहाँ दर्शन विभाग के अपने आचार्य और अध्यक्ष कार्यालय में लवंगलता काम कर रही है। मल्लिनाग का प्रवेश)

मल्लिनाग : प्रणाम!

(पत्र बढ़ाता है)

लवंगलता : *(पत्र देखती है)* सीधे महाचार्य उपाधि के लिए पंजीकरण चाहिए? बीच के आचार्य सोपान को लाँघ कर?

(मल्लिनाग हामी में सिर हिलाता है)

लवंगलता : *(शीर्षक पढ़ती है)* 'भगवद्गीता का व्यावहारिक उपयोग'— *(नापसन्दगी से)* नारीशृंगार के बाद अब तुम सीधे अध्यात्म पर आ रहे हो?

मल्लिनाग : *(व्यंग्य की मुस्कान से)* नारीशृंगार इसी परिणति तक पहुँचाता है! वैसे भी मानवीय जीवन बहुत उलझ गया है अब, विषय सीमाएँ पिघल रही हैं।

लवंगलता : *(गम्भीर हो जाती है)* दस वाक्यों में स्पष्ट करो। अगर तब तक विचार-तन्तु मुझे बाँध नहीं पाया, तो नमस्कार!

मल्लिनाग : मानवीय मस्तिष्क जैसे-जैसे अलग-अलग क्षेत्रों में नये-नये ज्ञान-पथों की रचना करता जा रहा है, वैसे-वैसे उसकी असहायता बढ़ रही है। वह नहीं जानता कि इसके परिणामस्वरूप छा जाने वाले तनाव के तलों का सामना वह कैसे करेगा? गीता में बताया गया है कि मनुष्य का व्यक्तित्व सत्व, रजस, और तमस गुणों का मिश्रण है। जो इन तीन गुणों के प्रभाव के परे चला जाता है, वह दुःख और क्षय से मुक्ति पा लेता है।

लवंगलता : *(विचार पसन्द कर रही है)* हूँ...

मल्लिनाग : हर व्यक्ति विचार, योजना, क्रिया और प्रतिक्रिया के सोपानों से निकलता है। हर कर्म के पीछे विचार होता है और हर व्यक्ति का व्यक्तित्व उसके विचारपुंज से निर्धारित होता है। इन तीन के साथ चौथा गुण है योग। पहले तीन गुणों के संयोजन से

किया गया कर्म प्रतिक्रिया जगाता है। लेकिन जब कर्म का सम्पादन यौगिक विधि से होता है, तो व्यक्ति स्थितप्रज्ञ बन जाता है। किसी भी ऊँचे पद पर आसीन व्यक्ति के लिए, जैसे कि आप, यही अवस्था वांछनीय है, जिससे उसे निर्णय लेने में सुविधा होती है।

लवंगलता : ज्ञान से यह काम नहीं चल सकता?

मल्लिनाग : ज्ञान, कौशल, और विशेषज्ञता कम काम के हैं, अगर व्यक्ति स्थितप्रज्ञ नहीं है तो, क्योंकि भावात्मक सन्तुलन ज्ञानभंडार पर भारी पड़ता है।

(लवंगलता हामी में सिर हिलाती है)

मल्लिनाग : वेद, उपनिषद और गीता श्लोकों का पाठ देह में रासायनिक परिवर्तन लाता है। उससे शान्ति की अनुभूति जाग्रत करने और लक्ष्य निर्धारण में सहायता मिलती है। इससे व्यक्ति उस अवस्था तक पहुँच सकता है कि अपने कार्य और निर्णय-क्षमता का आकलन करते हुए अपने मूल्यों को घर से *(उसके कार्यालय की ओर संकेत करते हुए)* कार्यस्थल तक ले जाए।

लवंगलता : हूँ...

मल्लिनाग : हमें अपने ज्ञानग्रन्थों के महत्त्व का आभास है, लेकिन हम उन्हें अपने दैनंदिन जीवन में नहीं समो पाये हैं। विशेषज्ञों के सामने आज यह चुनौती है कि वे पारम्परिक ज्ञान को कैसे अपनी कार्यशैली से जोड़ें और उससे लाभान्वित हों।

लवंगलता : सुन्दर और मौलिक रूपरेखा है। मैं स्वयं तुम्हारी निर्देशिका बन रही हूँ। आशा है, तुम मुझे निराश नहीं करोगे।

मल्लिनाग : आशा है, आप भी मुझे निराश नहीं करेंगी।

(दोनों एक-दूसरे को देखते हैं, अन्धकार। दूसरे भाग में प्रकाश, लवंगलता के घर की बैठक। सन्ध्या)

लवंगलता : इस बार एक मास बाद तुमसे मिलने का समय मिला है।

मल्लिनाग : आपके ऊपर काम का इतना बोझ रहता है।

लवंगलता : *(अर्थभरे ढंग से मुस्कुराती है)* सच कहा तुमने, मेरे ऊपर सचमुच काम का बहुत बोझ रहता है। मेरे निकट बैठो।

(मल्लिनाग उसके पाँवों के पास बैठता है)

लवंगलता : वहाँ?

मल्लिनाग : गुरु के चरणों में ही मेरे जीवन का सत्य है।

लवंगलता : और मेरे जीवन का सत्य तुम्हारी विनय से हट कर हो, तो?

(मल्लिनाग चुप है)

लवंगलता : अगर कोई तुमसे पूछे कि महापंडिता लवंगलता की जीवन-शैली कैसी है, तो तुम क्या कहोगे?

मल्लिनाग : सूर्य और चन्द्रमा भी विश्राम करते हैं, लेकिन देवी नहीं करतीं।

लवंगलता : जब मैं थकी-टूटी शैया पर जाती हूँ, तो बता सकते हो, मुझे कैसा लगता है?

मल्लिनाग : एक दिन सार्थक बीत गया, ऐसी अनुभूति!

लवंगलता : और उसके अगले पल?

मल्लिनाग : कल का दिन भी ऐसा ही बीते, इसका संकल्प...

लवंगलता : और फिर?

(मल्लिनाग चुप है)

लवंगलता : अकेलेपन का गहरा और तीखा डंक!

मल्लिनाग : ज्ञान के संसार में हम अकेले कहाँ होते हैं? आचार्य कपिल, रामानुज, शंकराचार्य—सब साथ होते हैं हमारे।

लवंगलता : *(अपनी हथेली खोलती है)* मेरा स्पर्श करो।

(लवंगलता की हथेली पर अपनी हथेली रखता है)

लवंगलता : कौन-सा दार्शनिक विचार इस जीवन्त स्पर्श की बराबरी कर सकता है?

(मल्लिनाग चुप है)

लवंगलता : मैं तुम्हें कैसी लगती हूँ?

मल्लिनाग : आपकी विवेचन-शैली अनूठी है।

लवंगलता : मैं अपने स्त्रीरूप की बात कर रही हूँ।

मल्लिनाग : आप मेरी गुरु हैं।

लवंगलता : सत्य के लिए किसी से मत डरो—न वेद से, न माता-पिता से, न गुरु से।

मल्लिनाग : आप आकर्षक हैं।

लवंगलता : तुम चढ़े यौवन में मेरी कल्पना करो।

(मल्लिनाग चुप रहता है, जैसे कल्पना कर रहा हो)

लवंगलता : कैसा चित्र बन रहा है?

मल्लिनाग : एकान्तप्रिय, मननशील, गम्भीर।

लवंगलता : और?

मल्लिनाग : मुझे मर्यादा की सीमा-रेखा नहीं लाँघनी चाहिए।

लवंगलता : मैं छूट देती हूँ।

मल्लिनाग : पाप का भागी बन जाऊँगा।

(उसकी बाँह पकड़ कर अपने पास बिठा लेती है)

मल्लिनाग : लो, पाप मेरे खाते में जमा होगा।

(मल्लिनाग चुप है, दोनों की नजर मिली हुई)

लवंगलता : अब मुस्कुराओ।

मल्लिनाग : *(मुस्कुराता है)* अब चलने की अनुमति है?

लवंगलता : कल तो रविवार है।

मल्लिनाग : शिक्षार्थी के लिए कैसा रविवार?

लवंगलता : प्रेमार्थी के लिए तो है।

(दो चषकों में मदिरा ढालती है, एक मल्लिनाग की ओर बढ़ाती है)

मल्लिनाग : गुरु के सामने?

लवंगलता : गुरु की आज्ञा है।

(लवंगलता घूँट लेती है। मल्लिनाग भी)

लवंगलता : *(वातायन की ओर देखते हुए)* शरद की रात में खिला हुआ चन्द्रमा--उसकी शीत किरणों से जीवन-रस खींचती कुमुदनी--जब तुम मेरे सामने होते हो, तो मुझे भी कुमुदनी के जैसी अनुभूति होती है। क्यों?

(मल्लिनाग चुप है)

लवंगलता : आज भोर से मुझे सन्ध्या की प्रतीक्षा थी। सोकर उठी, वातायन के सामने आकर खड़ी हुई। बकुलावलि से सुगन्धित समीर का झोंका मुँह पर लगा और पुलक से मन भर उठा। मैं चकित थी। ऐसा हुआ क्यों? आज का दिन भी और दिनों की तरह सामान्य है। एकाकी स्त्री को पुलक से क्यों भर जाना चाहिए? और तब तुम्हारा चेहरा मेरी आँखों के आगे झिलमिला गया। याद आया कि आज शनिवार है। तुमसे भेंट होगी। फिर दिन भर काम चलते रहे और बीच-बीच में तुम्हारी याद की तरंग उठती रही। *(सोचते हुए घूँट लेती है)* अपराह्न में एक बैठक थी। अवन्ती से आचार्य तुंगभद्र आये हुए हैं। बराबर बोलते रहते हैं। मैं उनको सुने बिना मुस्कुराते रहने की अभ्यस्त हो चुकी हूँ। पर आज लगातार खीझ का विलम्बित बज रहा था। क्यों? क्योंकि मैं चाहती थी कि बैठक तुरन्त समाप्त

हो, मैं घर वापस लौटूँ, शीतल, सुगन्धित जल में आँखें बन्द कर लेटी रहूँ, तुम्हारे बारे में सोचते हुए मन ही मन मुस्कुराऊँ, फिर धीरे-धीरे मीठी सिहरन के साथ शृंगार करूँ और तुम्हारे आने की मनोरम प्रतीक्षा!

मल्लिनाग : आपके किसी और शोध-छात्र को शयनकक्ष तक आने का गौरव मिला है?

लवंगलता : *(चंचल मुस्कान से)* अभी तक तो नहीं।
(हँसती है)

परिचारिका : *(द्वार पर थपकी देकर झाँकती है)* देवि, आर्य तुंगभद्र मिलने का हठ किये जा रहे हैं।
(लवंगलता बाहर जाने को बढ़ती है। तुंगभद्र भीतर घुस आता है)

तुंगभद्र : *(आवेग से)* लवंगलते, क्या हो गया तुम्हें? बैठक में तो ऐसी चहक रही थीं?

लवंगलता : थकान है।

तुंगभद्र : कहीं ज्वर तो नहीं? आजकल वायु का भरोसा नहीं रहा।

लवंगलता : नहीं।

तुंगभद्र : देखूँ तो, *(छूता है)* देह में पीड़ा होगी। *(उसे बाँह से घेर कर भीतर लाते हुए)* मैं दबा देता हूँ।

लवंगलता : *(उसकी बाँह हटाते हुए रुकती है)* नहीं, कष्ट न करें।

तुंगभद्र : *(अपनी हथेलियों से उसका चेहरा थाम लेता है)* पगली, यह तो मेरा कर्तव्य है।

लवंगलता : मुझे रत्ती भर पीड़ा नहीं।

तुंगभद्र : मैं पीड़ानाशक मर्दन-प्रक्रिया का विशेषज्ञ हूँ।

लवंगलता : *(सख़्ती से)* मेरे शयनकक्ष में मत आएँ।

तुंगभद्र : *(रसिक मुस्कान से)* सुन्दर चुटकी लेती हो! *(उसकी कपोल पर चुटकी काटता है)* अपनी सखी के शयनकक्ष में नहीं, तो फिर किसके शयनकक्ष में जाऊँ?
(हँसता है)

लवंगलता : *(धीमे स्वर में)* परिचारिका सुन रही है।

तुंगभद्र : *(वैसे ही)* अब उससे छिपाना है? उत्तेजना बढ़ाने के नित नये तेवर दिखाती हो तुम।
(चुम्बन लेना चाहता है, लवंगलता छिटक जाती है। फिर उसे

पकड़ने को तत्पर होता है, अब मल्लिनाग को देखता है। उसे झटका लगता है। मल्लिनाग प्रणाम करता है)

लवंगलता : मल्लिनाग—मेरे शोधछात्र—
(तुंगभद्र तीखी दृष्टि से लवंगलता को देखता है। पल भर सोचता है, फिर चषक और घूँट भरता है)

तुंगभद्र : *(स्वाद लेते हुए)* अमरावती की मत्तविलासिनी—जब यह मदिरा मेरी जीभ का चुम्बन करती है, मुझे तत्काल याद आता है 'मेघदूत', वही गीतात्मक अनुभूति, जो रेशमी कोमलता से आत्मा को छूती है, सहलाती है, उसकी स्निग्धता धीरे-धीरे रोम-रोम में रिसने और फिर बसने लगती है—जैसे मेरे भीतर रजनीगन्धा खिलने लगा हो—*(मल्लिनाग से)* दर्शन में कैसे रुचि हुई?

मल्लिनाग : जीवन-प्रकृति को समझने के प्रयास में।

तुंगभद्र : प्रेम किया है?

मल्लिनाग : हाँ।

तुंगभद्र : उसकी पीड़ा झेली है?

मल्लिनाग : बिना पीड़ा के भी प्रेम होता है। *(खाली चषक रखता है। लवंगलता से)* मुझे अनुमति मिले...

लवंगलता : नहीं। अकेलापन चुभ रहा है आज। देर तक बातें करेंगे।
(तुंगभद्र लवंगलता को देखता है। उसे बात चुभी है)

तुंगभद्र : मुझे अपनी पहली भेंट याद आ रही है। मैं निवास के उद्यान में था। अद्वैत की टीका लिख रहा था उन दिनों। आँख उठाई तो तुम विनीत भाव से प्रणाम कर रही थीं, तुमने हल्के नीले रंग की कंचुकी पहन रखी थी, तुम्हारे उरोजों की मध्यरेखा उजागर थी और मेरी पहली प्रतिक्रिया यह हुई कि तुम्हें बाँहों में कस कर उस रेखा पर दन्तक्षत बना दूँ—इतने गहरे कि तुम पीड़ा से सीत्कार करने लगो। *(मल्लिनाग से)* कामना और आयु— इनके आपसी सम्बन्ध पर विचार किया है कभी? मैं अवकाश लेने वाला हूँ, लवंगलता अधेड़ हैं, तुम नवयौवन से छलक रहे हो। कैसा विस्फोटक संगम है!

लवंगलता : *(मल्लिनाग से)* तुम्हारा जाना ही उचित होगा।

तुंगभद्र : ठहरो मल्लिनाग! तुम्हारी उपस्थिति उत्तेजक लग रही है। तुम प्रेम में एकाधिकार से सहमत हो?

मल्लिनाग : असहमत कौन हो सकता है।

तुंगभद्र : *(लवंगलता से)* तुम अपने प्रेमी को किसी की बाँहों में देखकर मौन रह सकती हो?

लवंगलता : नहीं।

तुंगभद्र : क्या करोगी?

लवंगलता : कुछ करूँगी अवश्य।

तुंगभद्र : जैसे? कटार उसके सीने में घोंप दोगी?

लवंगलता : हो सकता है।

तुंगभद्र : *(मल्लिनाग से)* तुम क्या करोगे?

मल्लिनाग : मुझे ऐसा अनुभव नहीं।

तुंगभद्र : होगा, चिन्ता मत करो।

मल्लिनाग : जब होगा, तब निर्णय करूँगा।

तुंगभद्र : अभी क्या कर रहे हो?

मल्लिनाग : अभी जीवन की दूसरी आधारभूत समस्या से जूझ रहा हूँ।

तुंगभद्र : अपने शोध की?

मल्लिनाग : हाँ।

तुंगभद्र : फिर क्या करोगे?

मल्लिनाग : अध्यापन।

तुंगभद्र : *(लवंगलता से)* अध्यक्ष के नाते इस पर प्रतिक्रिया दो।

लवंगलता : शोध-प्रबन्ध स्वीकृत होते ही नियुक्ति हो जाएगी।

तुंगभद्र : देखा? तुम्हारी निर्देशक तुम पर कितनी कृपालु हैं।

लवंगलता : मल्लिनाग सारी अकादमिक कसौटियों पर खरे उतरते हैं।

तुंगभद्र : इनकी आयु में मैं भी सारी कसौटियों पर खरा उतरता था, लेकिन मेरा अध्यक्ष था खूसट बुड्ढा! मुझे प्रेम-पगडंडी नहीं मिली। मुझे तीन वर्ष चारों दिशाओं में साक्षात्कारों की धूल फाँकनी पड़ी। *(घूँट लेता है, लवंगलता की ओर संकेत के साथ मल्लिनाग से)* इनके ऊपर सही समय पर मेरी कृपा-दृष्टि हो गयी, इसलिए इन्हें भी नियुक्ति का शीघ्र-मार्ग मिल गया—सबसे कम आयु की व्याख्याता बन गयीं। *(लवंगलता से)* अब तो भूल चुकी होंगी?

लवंगलता : याद है।

तुंगभद्र : *(मल्लिनाग से)* तुमने ऐसा विवश प्रेमी देखा है जो अपनी प्रेमिका

को उसके दूसरे प्रेमी की बाँहों में जाते हुए चुपचाप देखता रहे?

(मल्लिनाग चुप है; शर्मिन्दा है कि कैसी स्थिति में फँस गया)

लवंगलता : मल्लिनाग, ये मेरे भूतपूर्व प्रेमी हैं।

तुंगभद्र : मैं भूतपूर्व बन चुका, यह सूचना मुझे अभी मिली।

लवंगलता : *(तुंगभद्र से)* करुण और दयनीय मत बनो। अतीत के कुछ पल हमारी धरोहर हैं। उनकी गरिमा रखो।

तुंगभद्र : तुम रख रही हो?

लवंगलता : मैं बिना आमन्त्रण तुम्हारे शयनकक्ष में घुसी हूँ?

तुंगभद्र : तुम हमारे अतीत को पान बीड़े की तरह थूक कर आगे बढ़ सकती हो? इतनी सरलता से?

लवंगलता : हमारे बीच भौगोलिक दूरी है। हम साल में दो-तीन बार ही मिल सकते हैं। मेरी आवश्यकता अधिक है।

तुंगभद्र : जब मैं संयम रख सकता हूँ, तो तुम क्यों नहीं?

लवंगलता : तुम विवश हो। आयु तुम्हारा साथ नहीं दे रही।

तुंगभद्र : वह स्थिति नयी नहीं और तुम साथ निभाती आ रही हो।

लवंगलता : अब और निभाना नहीं चाहती, मेरे ऊपर प्रतिबन्ध है?

तुंगभद्र : तुम सच्ची बात क्यों नहीं कहती? कि तुम नवयौवन के प्रति आकर्षित हो?

लवंगलता : हाँ, हूँ।

तुंगभद्र : अगर यह नहीं मिलता, तो? तुम मेरे साथ पहले की तरह बँधी रहतीं कि नहीं?

लवंगलता : शायद।

तुंगभद्र : तुम्हारे प्रेम के बिना मैं जिऊँगा कैसे?

लवंगलता : तुम भरेपूरे परिवार के केन्द्र में हो।

तुंगभद्र : तुम इसके साथ अपना परिवार बनाने जा रही हो?

लवंगलता : अब तुम हास्यास्पद बन रहे हो!

(तुंगभद्र रोने लगता है)

लवंगलता : *(मल्लिनाग की ओर अपनी बाँहें फैलाती है)* आओ मेरे युवा प्रेमी!

(मल्लिनाग ठिठकता है)

लवंगलता : अब और प्रतीक्षा नहीं कर सकती मैं!

तुंगभद्र : तुम स्त्रीत्व का कलंक हो।

लंवगलता : अपनी आँखों से देखो मुझे अपने प्रेमी की बाँहों में!
(मल्लिनाग को अपनी बाँहों में जकड़ लेती है)

तुंगभद्र : प्रेमीपीड़क।

लवंगलता : मेरी उत्तेजना में चार चाँद लगाते जाओ तुंगभद्र।
(मल्लिनाग का चुम्बन लेती है)

मल्लिनाग : मुझे पाप का भागी मत बनाएँ देवी!

लवंगलता : पाप मेरे खाते में आएगा मेरे उत्तेजक प्रेमी—आओ, कामना से झुलस रही हूँ मैं...
(और आवेग व गहनता से मल्लिनाग का चुम्बन लेती है। तुंगभद्र देख रहा है। अन्धकार)

गायकवृन्द : चाहिए उनको न केवल ज्ञान
माँगते गुरुदेव थोड़ा प्रेम औ' बलिदान
मोम-सी कोई मुलायम चीज़
ताप पाकर जो उठे मन में पसीज-पसीज
आयु के सूखे विपिन में फूल कुछ सुकुमार
ज्ञान के मरु में सुकोमल भावना की धार
(प्रकाश। लवंगलता का कार्यालय। चिन्तित बैठी है। मल्लिनाग का प्रवेश)

लवंगलता : *(दुःख से)* तुम्हारा शोध-प्रबन्ध अस्वीकृत हो गया है।

मल्लिनाग : *(स्तब्ध रह जाता है)* क्या?
(एक पल का विराम)

मल्लिनाग : परीक्षक कौन थे?

लवंगलता : मगध के सूर्यबली, वैशाली के भट्ट, और सौराष्ट्र के महामंगल। भट्ट ने ही तुम्हारा सर्वनाश किया और सूर्यबली उसके दबाव में आ गया।

मल्लिनाग : *(आक्रोश से)* क्यों? उन दोनों के समलैंगिक सम्बन्ध हैं?

लवंगलता : भट्ट ने सूर्यबली की विधवा बहन को गर्भवती बना दिया था। वह आत्महत्या के रास्ते जा रही थी। भट्ट ने उसका गुप्त प्रसव करवा दिया और सन्तान का उत्तरदायित्व ले लिया। सूर्यबली का पूरा परिवार भट्ट के सामने आँख नहीं उठा सकता।

मल्लिनाग : मैं भट्ट की कोपदृष्टि का भाजन कैसे बन गया?

लवंगलता : वह अपने विभाग में अध्यक्ष पद का दावेदार था और चयन-समिति का अध्यक्ष था तुंगभद्र! भट्ट ने मुझे यह सन्देश भेजा है—*(पढ़ती है)* तुंगभद्र ने मुझे चेतावनी दी, अगर तुम इस शोध-प्रबन्ध को अस्वीकृत नहीं करोगे, तो मैं केवल तुम्हारे विभाग में ही तुम्हें आचार्य नहीं बनने दूँगा, बल्कि आर्यावर्त में जहाँ भी तुम प्रत्याशी होगे, तुम्हें बार-बार लगातार मुँह की खिलाऊँगा।

मल्लिनाग : आप कुलपति को पूरी बात बताइए।

लवंगलता : कल रात उसके निवास पर गयी थी। कहने लगा, तुंगभद्र के साथ हम कोई सम्बन्ध नहीं रखेंगे, लेकिन जो हो चुका, सो हो चुका।

मल्लिनाग : *(बराबर आवेग में है)* कैसे हो चुका? मेरा जीवन चौपट हो रहा है!

लवंगलता : कुलपति ने कहा, उसका कार्यकाल अगले मास पूरा हो रहा है। उसे बढ़ाने या हटाने के लिए जो चयन समिति बनी है, उसका अध्यक्ष है तुंगभद्र का साढ़ू।

मल्लिनाग : हम शिक्षा विभाग में कुलपति की शिकायत करेंगे।

लवंगलता : मैंने कुलपति को यही धमकी दी। तो वह हँसने लगा। बोला, वह मेरे दुराचार की एक-सदस्यीय जाँच समिति का गठन करेगा, उस पद पर तुंगभद्र को नियुक्त कर देगा और अनैतिक आचरण के आधार पर मुझे तुरन्त निलम्बित कर दिया जाएगा।

मल्लिनाग : कैसा अनैतिक आचरण?

लवंगलता : मेरे-तुम्हारे प्रेम का।

मल्लिनाग : कुलपति ने आपके शयनकक्ष में गुप्तचर छिपा कर रखे हैं?

लवंगलता : कुलपति के पास अनाम पत्र आये हैं। उसने मुझे दिखाये हैं, वह चाहे तो मेरा आसन तत्काल छीन सकता है।

मल्लिनाग : मेरे साथ दिनदहाड़े अन्याय हो रहा है!

लवंगलता : *(प्यार से उसका माथा सहलाती है)* मेरे हृदय-पराग, कुछ पाने के लिए कुछ खोना भी पड़ता है।

मल्लिनाग : *(भड़क उठता है)* आपने क्या खोया है?

लवंगलता : तुम्हारा जीवन चौपट होगा, तो मुझे दुःख नहीं होगा? मैं लम्बे समय तक खुल कर मुस्कुरा नहीं सकूँगी।

मल्लिनाग : आपकी संवेदना के लिए बहुत आभारी हूँ। अब कृपा करके यह और बता दीजिए कि मैंने पाया क्या है?

लवंगलता : तुम्हें मेरे उपभोग का सुख नहीं मिला?

मल्लिनाग : मैंने उस सुख की चाह नहीं की थी।

लवंगलता : ऐसे कठोर वचन बोल कर क्यों मेरे हृदय को खंड-खंड करके आनन्द-पर्व मनाना चाहते हो?

मल्लिनाग : मैं शिक्षा विभाग में आपकी शिकायत करूँगा।

लवंगलता : मैं कहूँगी, तुमने मेरे साथ बलात् मुँह काला किया और फिर कलंक का डर दिखा कर उसे दुहराते रहे।

मल्लिनाग : आपकी दलील सुन कर लोग हँसेंगे।

लवंगलता : स्त्री कोई भी हो, लेकिन समाज की परम्परा है कि बलात्कार के मामले में उसे पहली दृष्टि में निर्दोष माना जाता है।

मल्लिनाग : तुम भी तुंगभद्र के जैसी नीच हो।

लवंगलता : *(आहत भाव से)* प्रेमी को ऐसे व्यवहार करना चाहिए? बजाय इसके कि मेरे अँधेरे पलों में तुम मुझे अपनी संवेदना दो, तुम मेरे कोमल हृदय को ठेस पहुँचा रहे हो?

मल्लिनाग : तुम्हारे ऊपर कौन-सा अँधेरा छाया है कामनटी?

लवंगलता : मेरी तो दुहरी हानि हुई। तुम्हारे लिए मैंने तुंगभद्र की आहुति दे दी और अब अपने क्रोध में तुम मेरी आहुति दे रहे हो!

मल्लिनाग : मैंने तुम्हारा आह्वान नहीं किया था, इसलिए तुम्हारी आहुति देने में किसी अन्तर्द्वन्द्व की आवश्यकता नहीं।

लवंगलता : प्रेम-सम्बन्ध को प्रेम से ही तोड़ना चाहिए, क्रूरता से नहीं।

मल्लिनाग : जो प्रेम जीवन को ऐसे अँधेरे मोड़ पर ला छोड़ता है, उसे दुर्मुट से कूट-कूट कर तोड़ना चाहिए।

लवंगलता : प्रेम दिव्य अनुभूति है। उसे कड़वाहट से कलुषित मत करो।

मल्लिनाग : मेरा जीवन चौपट हो गया है और तुमको कलुष की पड़ी है?

लवंगलता : मैं मरुधर विश्वविद्यालय में तुम्हारा पंजीकरण करा दूँगी और तुम्हारा यही शोध-प्रबन्ध उपाधि के लिए स्वीकृत होगा।

मल्लिनाग : वहाँ के आचार्य भी तुम्हारे केलि-सखा रह चुके हैं?

लवंगलता : नहीं। बहुत तेजस्वी और चरित्रवान हैं, वे केवल मेधा देखते हैं।

मल्लिनाग : उसके बाद?

लवंगलता : वे कहीं-न-कहीं व्याख्याता के पद पर तुम्हारी नियुक्ति करा

देंगे, उसके बाद मैं यहाँ करा दूँगी—अगर तुम्हें मेरे *(अर्थभरी मुस्कान से)* नीचे काम करने में आपत्ति न हो, तो...

मल्लिनाग : शोध-प्रबन्ध की स्वीकृति में कितना समय लगेगा?

लवंगलता : पंजीकरण के बाद दो वर्ष प्रतीक्षा करनी होगी।

मल्लिनाग : वहाँ रहना तो अनिवार्य होगा ही?

लवंगलता : हाँ, पर तुम यहाँ नियमित रूप से आ सकते हो।

मल्लिनाग : यात्रा में पाँच मास लगते हैं। बिलकुल अराजक क्षेत्र है। हमारे सार्थवाह को आते और जाते—दोनों बार लूटा गया था। मुझे उन्होंने मणि-मुक्ताओं का व्यापारी समझ लिया। बन्धक बनाकर सात दिन रखा, *(अपने गले की ओर संकेत के साथ)* यहाँ कटार से रक्त-रेखा बना कर बोले, एक करोड़ स्वर्णमुद्राओं की फिरौती की व्यवस्था करो, अन्यथा—

लवंगलता : तुमको प्रमाणपत्र दे दूँगी कि यह शोध-छात्र है।

मल्लिनाग : दो वर्ष मैं जिऊँगा कैसे? शोध-वृत्ति तो मिलेगी नहीं।

लवंगलता : कम-से-कम प्रारम्भ में तो नहीं मिलेगी।

मल्लिनाग : वह विश्वविद्यालय मेरी तरह दीन-हीन है। वहाँ बाद में भी नहीं मिलेगी।

लवंगलता : मैं तुम्हें पाँच सौ स्वर्ण मुद्राएँ दे दूँगी। वहाँ पहुँच कर तुम कुछ काम भी कर सकते हो।

मल्लिनाग : आपसे दान लेने में मेरे मन पर बोझ पड़ेगा।

लवंगलता : ऋण समझ कर ले लो। बाद में थोड़ा-थोड़ा करके लौटा देना।

मल्लिनाग : पाँच सौ स्वर्ण मुद्राएँ कब तक साथ देंगीं? आधी से अधिक तो एक ओर की यात्रा में ही व्यय हो जाएँगीं। फिर तुंगभद्र भी कुछ-न-कुछ झंझट खड़ा करेगा। कितने तनाव में जीना होगा! दो वर्ष और व्यर्थ जा सकते हैं।

लवंगलता : तो क्या करना चाहते हो?

मल्लिनाग : अन्धी गली में पहुँचने के बाद क्या करूँ?

(अन्धकार और लवंगलता के प्रस्थान के साथ दूसरे भाग में प्रकाश होता है। तुंगभद्र का निवास, मल्लिनाग का आवेग से प्रवेश)

मल्लिनाग : प्रणाम श्रद्धेय!

तुंगभद्र : *(चौंकता है)* तुम? इतनी दूर आ पहुँचे?

मल्लिनाग : *(आक्रोश से)* आपने ऐसा क्यों किया?

तुंगभद्र : लवंगलता चरम कोटि की निराभारी है।

मल्लिनाग : आपकी अपराधी हैं लवंगलता और आप दंड दे रहे हैं मुझे?

तुंगभद्र : उसने अपराध तुम्हारे लिए किया है न।

मल्लिनाग : जिस के लिए अपराध किया है, दंड उसे दिया जाता है?

तुंगभद्र : उसके ऊपर सीधे आक्रमण करने का उपाय नहीं। मैं उसे कैसे हानि पहुँचाऊँ?

मल्लिनाग : सम्बन्ध तोड़ना प्रेमी का मूल अधिकार है।

तुंगभद्र : लवंगलता को नहीं। अपनी कृतज्ञता का प्रदर्शन उसे सदा प्रेम बनाए रख कर करना चाहिए था।

मल्लिनाग : यह आपकी न्यायदृष्टि है?

तुंगभद्र : न्याय कहो या अन्याय, दृष्टि तो यही है मेरे पास।

मल्लिनाग : आपकी पत्नी को आपके इस तेजस्वी स्वरूप का परिचय दे दूँ तो उन्हें कितनी उत्तेजना मिलेगी।

तुंगभद्र : *(कुटिल मुस्कान देता है)* ऐसी ठेस का अनुभव उन्हें पैंतीस वर्ष से है! भारतीय पत्नी की सहनीशलता को मैं बारम्बार नमन करता हूँ।

मल्लिनाग : आपकी सन्तान सुनेंगी, तो?

तुंगभद्र : बेटों को मेरी सूरत से घृणा है तो हुआ करे। मैंने कह रखा है, मेरा भवन छोड़ दो और बाहर अपने बूते पर जियो। माखन-मलाई में पले निकम्मों में इतना साहस नहीं। बेटियाँ समझदार हैं। उन्होंने यह कह कर मुझे क्षमा कर दिया है कि बुड्ढा समय से पहले ही सठिया गया है—नहीं, नये-नवेले निर्दोष प्रेमी, तुमको अभी अनुभव नहीं।

मल्लिनाग : क्या अनुभव नहीं?

तुंगभद्र : दूसरी स्त्री में बड़ा आकर्षण होता है। वह नयी स्फूर्ति और नयी उमंग का संचार कर देती है।

मल्लिनाग : दूसरी स्त्री की सहमति की भी भूमिका होती है।

तुंगभद्र : उसने सहमति वापस ले ली, क्योंकि उसके आँचल में तुम्हारा प्रेम आ गया।

मल्लिनाग : उनको दूसरा प्रेम करने का अधिकार क्यों नहीं?

तुंगभद्र : तुम आयु में छोटे हो।

मल्लिनाग : आप आयु में बड़े थे। अगर वह ऊपर की ओर आयु का असन्तुलन झेल सकती थी, तो नीचे की ओर क्यों नहीं?

तुंगभद्र : तर्क अच्छा कर लेते हो, लेकिन मेरा बड़प्पन भी मत भूलो। मैं उसको तुम्हारे प्रेम के साथ अपनाए रखने के लिए प्रस्तुत था।

मल्लिनाग : आपसे यह किसने कहा कि व्यक्ति दो-दो समानान्तर प्रेम निभा सकता है?

तुंगभद्र : निःसन्देह निभा सकता है। मैं अपने अनुभव से जानता हूँ।

मल्लिनाग : और अगर किसी में ऐसी चाह न हो, तो?

तुंगभद्र : क्यों न हो? चाह होनी चाहिए। चाह होने का अर्थ है जीवन-मोह होना।

मल्लिनाग : अर्थात् जो भी स्त्री अपना जीवन-मोह प्रमाणित करना चाहे, उसमें आपके लिए चाह होना अनिवार्य है?

तुंगभद्र : सच्चाई को इस तरह भी रखा जा सकता है।

मल्लिनाग : आपकी विद्वत्ता की तरह आपकी लम्पटता भी असीम है।

तुंगभद्र : स्थितप्रज्ञ क्रोध नहीं करता—और प्रेम में तो बिलकुल नहीं। सकारात्मक प्रेम और नकारात्मक क्रोध—ये बिलकुल विपरीत भावनाएँ हैं।

मल्लिनाग : और आपने जो प्रेम-क्रोध करके मेरा जीवन चौपट किया है?

तुंगभद्र : तुम अपने साथ मेरी तुलना कैसे कर सकते हो? मैं समर्थ हूँ, मैं क्रोध कर सकता हूँ।

(मल्लिनाग अपनी पादुका हाथ में लेता है)

तुंगभद्र : *(आशंकित हो जाता है)* यह क्या दुराचार कर रहे हो?

(तुंगभद्र भागता है, मल्लिनाग प्रहार करता है। सूत्रधार का झपट कर प्रवेश। मल्लिनाग को रोकता है। दोनों तेज-तेज चल रहे हैं)

गायकवृन्द : आगे के दिन पीछे के दिन
सूझे ना कुछ धुआँ धुआँ
अपना क्या है क्या है दूजा
बस सन्नाटा धुआँ धुआँ
कैसे होगा क्योंकर होगा
नहीं पता कुछ धुआँ धुआँ
खोएँगे क्या पाएँगे क्या
धुन्ध कुहासा धुआँ धुआँ
धुआँ धुआँ धुआँ धुआँ

मल्लिनाग : मैं शिक्षा क्षेत्र को बहुत पावन समझता था।

सूत्रधार : शृंगार को रसराज यों ही नहीं कहा जाता। जीवन के हर क्षेत्र पर उसका आधिपत्य है।

मल्लिनाग : लवंगलता ने मुझे यहाँ तक पहुँचाया है। मैं उसका आवरण हटा दूँगा। सारे समाज में उसकी थू-थू होगी।

सूत्रधार : तुम्हारा भी अपयश होगा।

मल्लिनाग : मैं पुरुष हूँ। उसके लिए ऐसा अपयश यश का टीका होता है।

सूत्रधार : तुम स्वयं कहते हो कि स्त्री-पुरुष का सम्बन्ध दिव्य होता है। तुम उस सम्बन्ध का सम्मान नहीं करोगे तो कामदेव के कोप के भागी होगे।

मल्लिनाग : उस दिव्य सम्बन्ध का सारा मूल्य मैं चुका रहा हूँ।

सूत्रधार : जीवन बहुत क्रूर है—यह भी तुम्हारा ही सुभाषित है।

मल्लिनाग : दिव्य सम्बन्ध ने लवंगलता का रूप धर कर मुझे छला है।

सूत्रधार : उन्होंने तुम्हारी सहायता का प्रस्ताव रखा तो है!

मल्लिनाग : अब मैं उसका मुँह नहीं देखना चाहता, लेकिन...

(मंच के दूसरे भाग में सन्दीपन एक पुस्तक लिये आवेग से चल रहा है)

मल्लिनाग : *(पुकार लगाता है)* सन्दीपनजी।

(सन्दीपन रुकता है, दोनों पास आते हैं)

मल्लिनाग : मुझे काम चाहिए।

सन्दीपन : *(पुस्तक दिखाता है)* 'शाकुन्तल' की कुंजी लिख दो।

मल्लिनाग : क्या भुगतान करेंगे?

सन्दीपन : सौ स्वर्णमुद्राएँ।

मल्लिनाग : *(प्रसन्न हो जाता है)* हर साल?

सन्दीपन : केवल एक बार।

मल्लिनाग : मैं इतना श्रम करूँगा और...

सन्दीपन : कुंजी तुम्हारे नाम से थोड़े ही बिकेगी।

मल्लिनाग : तो क्या आपके नाम से बिकेगी?

सन्दीपन : *(मन्द मुस्कान से)* हाँ, परमहंस प्रकाशन के नाम से। इस पुनीत कार्य के लिए हमारे पास एक छद्म नाम है। हमारे चिरन्तन कुंजी-लेखक हैं प्रेमप्रसून विद्यालंकार।

मल्लिनाग : *(को आघात लगता है)* अर्थात् एक सौ स्वर्ण मुद्राओं के बदले

में पुस्तक सदा के लिए आपकी हो गयी?

सन्दीपन : तुम सही समझे।

मल्लिनाग : एक लाख प्रतियाँ बिकने के बाद भी?

सन्दीपन : जब तक प्रलय नहीं हो जाती और मनु अवतरित नहीं होते, तब तक!

मल्लिनाग : *(व्यंग्य से)* यह प्रथा आपने ही प्रारम्भ की होगी?

सन्दीपन : *(बड़ी मुस्कान से)* तुम मेरा मूल्यांकन इतना ऊँचा करते हो, यह जान कर मनोबल सचमुच बढ़ गया, लेकिन सही मानो मैं इसका पात्र हूँ नहीं। यह प्रथा आदिकवि वाल्मीकि के समय से चली आ रही है।

मल्लिनाग : और सदा चलती रहेगी?

सन्दीपन : भंग होने का कोई कारण दिखाई नहीं देता।

(मल्लिनाग पुस्तक लेने को हाथ बढ़ाता है, तभी नारे के साथ वियोगी और उसके झुंड का प्रवेश)

वियोगी : *(नारा लगाता है)* शाकुन्तल—

झुंड : *(समवेत)* हाय हाय—

वियोगी : *(और जोर से)* शाकुन्तल—

झुंड : *(समवेत)* हाय हाय—

(सूत्रधार राजकीय अधिकारी की भूमिका में आ जाता है)

सूत्रधार : क्या बात है श्रीमान?

वियोगी : शिक्षा अधिकारी, हम आपको ज्ञापन दे रहे हैं।

(सूत्रधार ज्ञापन लेता है)

वियोगी : 'शाकुन्तल' को पाठ्यक्रम से तुरन्त हटाइए, अन्यथा हम शिक्षा विभाग की ईंट-से-ईंट बजा देंगे।

सूत्रधार : 'शाकुन्तल' कालजयी कृति मानी जाती है।

वियोगी : *(आवेग से)* काल को कैसे जय कर रहे हैं आप? नयी पीढ़ी को स्वेच्छाचार का रास्ता दिखाकर?

सूत्रधार : *(क्रोध से)* क्या असंगत आपत्ति कर रहे हैं आप? 'शाकुन्तल' में कौन-सा स्वेच्छाचार है?

वियोगी : पहले अंक का वह दृश्य हटाइए, जहाँ प्रियंवदा शकुन्तला से कहती है कि तुम अपने यौवन को दोष क्यों नहीं देतीं, जो तुम्हारे उरोजों का आकार बढ़ाता जा रहा है।

सूत्रधार : बढ़ते हुए यौवन के साथ एक युवती के विशेष अंगों में उभार

आना स्वाभाविक ही है।

वियोगी : यह बात सार्वजनिक रूप से कह कर आप युवा पीढ़ी को उत्तेजित करना चाहते हैं?

सूत्रधार : अगर कविकुल-गुरु ने ऐसी आवश्यकता समझी है, तो सुधी पाठक के नाते हमें उसका सम्मान नहीं करना चाहिए?

वियोगी : लेकिन यह भी तो देखिए कि युवा पीढ़ी पर इसका क्या प्रभाव पड़ेगा?

सूत्रधार : आपने नाट्यशास्त्र में नायिका-भेद नहीं पढ़ा? बड़े उरोज पद्मिनी नायिका का अनिवार्य लक्षण हैं।

वियोगी : *(भड़क जाता है)* आप भरत मुनि को बुलाइए यहाँ, मैं बताता हूँ उनको कि कौन-सा लक्षण अनिवार्य होता है! *(ज़ोर से)* अनाचार का नंगा नाच...

झुंड : *(समवेत)* नहीं चलेगा! नहीं चलेगा!

वियोगी : तीसरे अंक का वह दृश्य काटिए, जहाँ दुष्यन्त शकुन्तला का चुम्बन लेता है।

(सूत्रधार अब कुछ आत्म-नियन्त्रण करता है)

सूत्रधार : प्रेम का पहला प्रतीक चुम्बन है। चुम्बन के बिना प्रेम नहीं हो सकता और प्रेम के बिना नाटक नहीं हो सकता।

वियोगी : तो चुम्बन शयनकक्ष में होना चाहिए, उद्यान में नहीं।

सूत्रधार : अभी दुष्यन्त और शकुन्तला प्रेम की प्रारम्भिक सीढ़ियाँ चढ़ रहे हैं। वे इतनी जल्दी शयनकक्ष में चले जाएँगे, तो कालिदास की नाट्य-कला कच्ची मानी जाएगी।

वियोगी : उसे परिपक्व करने के लिए हम युवा पीढ़ी का विनाश नहीं होने देंगे। डंके की चोट कहते हैं हम—दुराचारी दुष्यन्त और कामाकुल शकुन्तला की उद्यान में रासलीला नहीं चलेगी!

झुंड : *(समवेत)* नहीं चलेगी! नहीं चलेगी!

सूत्रधार : कविकुल-गुरु ने बहुत सोच-समझ कर चरित्र-निरूपण किया है।

वियोगी : लेकिन मेरा रक्त खौल रहा है। कल सन्ध्यासमय मैं भ्रमण के लिए उद्यान में गया, तो एक युवक और युवती इसी अनाचार में लीन थे। एक छोटी-सी कन्या टुकुर-टुकुर देखने लगी। उसकी आँखों पर हथेली रख कर मैंने तुरन्त प्रतिबन्ध केन्द्र का दायित्व निभाया। मैं अकेला हूँ और उद्यान में सहस्रों हैं। मैं कहाँ-कहाँ पहरेदारी कर सकता हूँ?

वियोगी सहयोगी : *(क्रोध से)* प्रशासन तो अपनी आँखों पर हथेली रखे है।

सूत्रधार : हम घोषणा कर देते हैं कि उद्यान में आपत्तिजनक क्रीड़ा न की जाए। जो निर्देश का उल्लंघन करेगा, दण्ड का भागी होगा।

वियोगी : क्या दण्ड देंगे आप? काला पानी देंगे?

सूत्रधार : काले पानी के लिए हथियारों के साथ देशद्रोह करना पड़ता है। जिसे आप अपराध कह रहे हैं, उसके लिए हम ग्यारह स्वर्ण मुद्राओं का दण्ड या तीसरी बार अपराध करने पर एक दिन का सामान्य कारावास दे सकते हैं।

वियोगी : यह दण्ड है या खिलवाड़?

सूत्रधार : प्रेम को लेकर हमारी जीवनशैली सदा से उदार रही है। हमारा साहित्य, ललित कलाएँ, स्थापत्य, संगीत...

वियोगी : *(भड़क जाता है)* उसी उदारता का परिणाम तो भुगत रहे हैं हम। युवा पीढ़ी उच्छृंखलता का कैसा कापालिक नृत्य नाच रही है! सुन लीजिए कान खोल कर—दुष्यन्त और शकुन्तला का गन्धर्व विवाह नहीं होगा।

सूत्रधार : संस्कृत के सबसे महान नाटक के बारे में क्या उल्टा-सीधा बोल रहे हैं आप?

वियोगी : आपको मालूम है कि इस नाटक के प्रदर्शन के साथ आर्यावर्त में गन्धर्व विवाह के प्रतिशत में बराबर उछाल आ रहा है? और इस वर्ष तो स्तब्ध करने वाला है—76 प्रतिशत!

सूत्रधार : ये आँकड़े कहाँ से मिले आपको?

वियोगी : नैतिकता पुनर्निर्माण केन्द्र के सर्वेक्षण से।

सूत्रधार : नैतिकता का स्वयंसिद्ध ठेका लेने वाले ऐसे किसी केन्द्र के आँकड़े हम स्वीकार नहीं करते।

वियोगी : अनाथालय की ड्योढ़ी पर छोड़े गये अवैध बच्चों की संख्या तो स्वीकार करेंगे आप? युवा पीढ़ी जब भी उत्तेजित हुई— और हमारी संस्कृति में पग-पग पर उद्दीपन जुटाने की पावन परम्परा है— वन-विहार, सरोवर-क्रीड़ा, होलिका, आषाढ़ का पहला वर्षा उत्सव, इन्द्रधनुष उत्सव, कामोत्सव तो प्रेमियों ने दो मालाएँ जुटायीं, मन्दिर में एक-दूसरे के गले में डालीं और करने लगे रति-वन्दना! युवती ने ना-नुकुर भी की, तो

युवक ने कहा, आपत्ति क्यों कर रही हो प्रिये? तुम्हारी शकुन्तला दीदी ने तो कोई चूँ-चपड़ नहीं की थी! करेले पर नीम-चढ़ी सच्चाई क्या है? कि यह नाटक जब और जहाँ मंचित हुआ, स्वर्ण जयन्ती से कम पर माना ही नहीं और उस नगर में उसी अनुपात से गन्धर्व विवाह का प्रतिशत भी बढ़ा।

सूत्रधार : यह कपोल-कल्पना है।

वियोगी : *(खीसे से पत्र निकाल कर दिखाते हुए पढ़ता है)* संचालिका, पतितपावन अनाथालय को अनाम युवती का प्रणाम। आज से ठीक नौ मास पहले 'शाकुन्तल' का 101 वाँ प्रदर्शन था, मंचन के अन्त में भरत-वाक्य के साथ मैं भावविभोर थी। मेरा प्रेमी अर्धचन्द्र-दर्शन के बहाने मुझे उद्यान ले गया और उसने मेरे ऊपर दुष्यन्त के प्रथम चुम्बन का परीक्षण किया। मेरा उत्तेजना को प्राप्त होना स्वाभाविक था, जैसे कि शकुन्तला दीदी हुई थीं। मेरे प्रेमी ने तुरन्त खीसे से दो मालाएँ निकालीं—नाट्यगृह के द्वार पर ही माली बेच रहा था—*(माली के सुर में)* ले लो, ले लो, झटपट गन्धर्व विवाह! एक रजत मुद्रा में दो मालाएँ! *(अपने सामान्य सुर में)* इस प्रकार 'अभिज्ञानशाकुन्तल' के कारण मैं गर्भावस्था को प्राप्त हुई और आज यह बालक द्वार पर छोड़ कर जा रही हूँ। इसके लिए कालिदास उत्तरदायी हैं। मैं प्रशासन से अनुरोध करती हूँ कि या तो शाकुन्तल पर प्रतिबन्ध लगाए। अन्यथा हर एक नगर में मारीच आश्रम के जैसे शाकुन्तल आश्रम की स्थापना करे, जहाँ नाटक के कारण जन्मे बच्चों का लालन-पालन हो सके। साथ ही देश की हर नदी में एक सौ तैराक नियुक्त किये जाएँ, जो मछलियों के पेट चीर कर खोई हुई अँगूठियाँ निकालें। हर नदी पर एक अँगूठी अधिकारी हो, जो हर एक अँगूठी की स्वामिनी को ढूँढ़े, उसके गन्धर्व पति का पता लगाये, दोनों के बीच आयी मलिनता दूर करे, बच्चे का सन्धान करे और तीनों का मधुर मिलन करवाये।

सूत्रधार : गृहस्थी पुनर्निर्माण का इतना बड़ा कार्यक्रम? रक्षा मन्त्रालय से दस गुनी राशि चाहिए। कहाँ से लाएँगे?

वियोगी : तो फिर नाटक पर प्रतिबन्ध लगाइए।

सूत्रधार : वह भी नहीं हो सकता।

वियोगी : तो फिर हम आपको डंके की चोट पर चुनौती देते हैं—हम प्रशासन की ईंट-से-ईंट बजा देंगे। हम चक्का बन्द करेंगे, नगर बन्द करेंगे।

वियोगी सहयोगी : और आपकी साँस बन्द करेंगे...

वियोगी : हम इतना उत्पात और हिंसा करेंगे कि...

(संघर्ष-रागिनी ऊँची होती है)

वियोगी : *(बेहद आक्रामक हो नारा लगाता है)* अनाचार का काला पाश...

झुंड : *(समवेत)* कालिदास! कालिदास!

वियोगी : नैतिकता का अन्धा ह्रास!

झुंड : *(समवेत)* कालिदास! कालिदास!

वियोगी : लीला रौरव; नग्न विलास!

झुंड : *(समवेत)* कालिदास! कालिदास!

(प्रकाश-व्यवस्था बदलने के साथ हिंसा शुरू होती है, लोगों का भागना, मारकाट आदि, सूत्रधार पर हमला होता है, उसे नीचे पटक कर उसकी धुनाई की जाती है)

गायकवृन्द : फिर नगरबन्द का हुआ भव्य आयोजन
हिंसा की छाया सघन हो रही थी
संस्कृति की रक्षा आगजनी से होगी
यह बात चल रही थी—

(सूत्रधार कराहता हुआ खड़ा होता है)

सूत्रधार : फिर वही हुआ, जो प्रजातन्त्र में होता है। शाकुन्तल तत्काल पाठ्यक्रम से हटा ली गयी। उसके स्थान पर ब्रह्मचर्य-वन्दना करने वाला नाटक 'अखाड़े की धूल' लाया गया। कालिदास हार गये, पुत्तूलाल गोस्वामी जीत गये।

(अन्धकार के साथ सन्दीपन के घर पर प्रकाश होता है। दिन। कोकिला कुछ काम कर रही है। मल्लिनाग का प्रवेश)

मल्लिनाग : प्रकाशजी हैं?

कोकिला : *(मुस्कान से)* अभी आते हैं। बैठो।

(मल्लिनाग बैठता है)

मल्लिनाग : आप बिक्री संचालक हैं न?

कोकिला : *(हामी से सिर हिलाती है)* सन्दीपन के बस का नहीं। उसी को बेच पाते हैं, जो मोल लेना चाहता है।

मल्लिनाग : *(आश्चर्य से)* यही तो बिक्री का नियम है।

कोकिला : नहीं, विक्रेता का कौशल तब है, जब वह ग्राहक को वह वस्तु भी बेच दे, जिसको मोल लेने की बात उसने सोची भी नहीं थी। अगर पुस्तक बेचना है, तो विक्रेता स्त्री होने से बहुत सहायता मिलती है। *(अभी गम्भीर है)* अगर मदभरी भी हो, तो सोने में सुहागा...

मल्लिनाग : क्यों?

कोकिला : उपभोक्ता समाज का सामान्य नियम—जिस वस्तु की खपत कठिनाई से होती है, उसके लिए अतिरिक्त प्रयास करना होता है न!

मल्लिनाग : अतिरिक्त प्रयास से क्या अभिप्राय है?

कोकिला : *(कुटिल मुस्कान से)* मान लो, आर्य प्रभारक अधेड़ और जीवन से दु:खी हैं। पत्नी का वही पच्चीस बरस पुराना मुँह देखकर जीवित रहने का उनका सारा उत्साह ठंडा पड़ गया है। वह कार्यालय में बैठे हैं। तभी मन्द सुगन्धि का झोंका लिये मैं प्रकट होती हूँ—*(कामुक मुस्कान से)* नमस्कार आर्य प्रभाकर, बहुत दिनों बाद दर्शन हुए। चित्त प्रसन्न हो गया! *(मल्लिनाग को देखते हुए अपने सामान्य स्वर में)* वास्तव में मुझे देखकर चित्त प्रसन्न हुआ है खूसट का—मुझे सूचना मिल चुकी है कि राजकीय खरीद का निर्देश उसके कार्यालय को दस दिन पहले मिल चुका है। *(कामुक मुस्कान से)* जब मैं किसी को गुटका खोलते हुए देखती हूँ, तुरन्त आपकी याद आती है। *(मल्लिनाग को देखते हुए अपने सामान्य स्वर में)* बेचारा उत्तेजना को प्राप्त हो चुका है—*(कामुक मुस्कान से)* मैं दो दिन पहले विदर्भ से लौटी हूँ। वहाँ के रसीले मुखविलास का सेवन किया है आपने? आपके लिए ही लायी हूँ। मुझे मुँह में मसाला चुभलाता पुरुष बहुत भाता है—*(किलकारी मारती है, फिर अधेड़ को देखने का मूकाभिनय करते हुए लजाती है, फिर मल्लिनाग को देखते हुए स्वाभाविक स्वर में)* जीवन से दु:खी आत्मा ने रूपवती का रूप-पान करते हुए अपने ये पल अपने अस्तित्व के सबसे ऊपरी तल पर

जिये और एक प्रकाशक से नियमानुसार जितनी पुस्तकें वह मोल ले सकता था, उतना का आदेश उसने दे दिया। गल्प, काव्य और आलोचना की सारी नयी पुस्तकें थोक के रूप में चली गयीं। वह और कृपा करना चाहता था। कृषि के नाम पर मेरे पास कुछ नहीं था। पर युवा कवियों का एक सहयोगी काव्य-संकलन था—'आज के अंकुर कल के वृक्ष।' उसका भी कल्याण कर दिया उसने!

मल्लिनाग : जीवन से दुःखी पुरुष इतने सन्तोषी होते हैं? संवादविलास से मान जाते हैं?

कोकिला : *(मुस्कुराती है)* सब नहीं। किसी के साथ सन्ध्या को संगीत समारोह में जाना होता है। किसी के साथ एक चषक आसव-पान करना होता है, किसी के साथ उद्यान में बैठ कर उसकी दुःखी जीवन-कथा सुननी होती है।

(मल्लिनाग मुस्कुरा रहा है)

कोकिला : कोई मेरे कन्धे पर दो आँसू बहा कर सान्त्वना पा लेता है, किसी का सप्ताहान्त साथ-साथ बिताने का आमन्त्रण बड़ी शिष्टता से टालना होता है, पर इस तरह कि उसका आशा-तन्तु टूटे नहीं। किसी के सामने इतना कह देना पर्याप्त होता है कि आर्य, मैं सुखी रूप से विवाहित हूँ। पर एक रसिक रसीली मुस्कान से बोले *(उसके रसभरे सुर की नकल में)* तो क्या हुआ कोकिले? मैं भी सुखी रूप से विवाहित हूँ। इसलिए सप्ताहान्त साथ बिताने का मेरा आमन्त्रण तुम्हें सहज भाव से स्वीकार कर लेना चाहिए। इस सुख के आगे हम दोनों की आवश्यकता क्या है, हम पूरी गहराई और विस्तार से इसीलिए तो समझ सकते हैं क्योंकि दोनों ही सुखी रूप से विवाहित हैं!

(किलकारी मारती है, सन्दीपन आता है। मल्लिनाग मुस्कान देता है, पर सन्दीपन उसे ठंडी नजर से देखता है। फिर खोजी नजर से कोकिला को। सन्दीपन हाथ की थैली कोकिला को बढ़ा देता है, लेकर भीतर जाती है)

सन्दीपन : (रूखे भाव से) कैसे पदार्पण हुआ?

मल्लिनाग : मुझे पच्चीस स्वर्णमुद्राएँ तत्काल चाहिए। *(पांडुलिपि बढ़ाते हुए)* 'अखाड़े की धूल' की कुंजी लिख लाया हूँ।

(सन्दीपन पांडुलिपि लेता है, अनमने ढंग से पन्ने पलटता है)

सन्दीपन : *(बिना दिलचस्पी के)* ग्यारह कुंजियाँ चल रही हैं।

मल्लिनाग : *(दोटूक भाव से यानी 'किसको मूर्ख बना रहे हो?')* यह पहली कुंजी है। पन्द्रह दिन पहले पाठ्यक्रम में लगी है पुस्तक। अभी तो राजधानी तक में तीस प्रतिशत छात्रों को ही मूल की प्रति मिल पायी है। दो सौ छत्तीस विश्वविद्यालयों में लगा है नाटक! जब तक चार-छै कुंजियाँ आएँगी, आप दस लाख बेच लेंगे।

सन्दीपन : *(ठंडी नजर से देखता है)* पूरा सर्वेक्षण करके आये हो, भविष्य उजला है तुम्हारा!

मल्लिनाग : *(ठंडे स्वर में)* आपकी कृपा है।

सन्दीपन : *(फिर एक-दो पत्र पलटता है)* छात्रों के उपयोग की है, इसलिए आवरण पतला और भोजपत्र सस्ते होंगे। मूल्य पाँच रजत मुद्रा।

मल्लिनाग : सत्तर रजत मुद्राओं से कम मूल्य की कुंजी नहीं होती।

सन्दीपन : चलो, तुम्हीं सच्चे। पर साल में पच्चीस सहस्र भी बेच लीं, तो क्या कमा लूँगा!

मल्लिनाग : दस लाख से घटकर पच्चीस सहस्र? आपकी निर्लज्जता ऐतिहासिक है।

सन्दीपन : मूल्यांकन के लिए अन्तिम साँस तक तुम्हारा आभारी रहूँगा। *(मुद्राएँ बढ़ाता है)* यह लो।

मल्लिनाग : *(मुद्राएँ देखता है)* दो स्वर्ण मुद्राएँ?

सन्दीपन : स्वर्णिम प्रभात—किसका मुँह देखा था जागने के बाद? जीवन सफल हो गया तुम्हारा!

मल्लिनाग : मैंने पच्चीस माँगी थीं।

सन्दीपन : *(धिक्कार के सुर में)* बन्धु, मुँह खोलने से पहले व्यक्ति को दुलत्ती झाड़ कर जाँच कर लेनी चाहिए कि नीचे की धरती कितनी ठोस है!

मल्लिनाग : मेरी आवश्यकता बहुत गहरी, तीखी, और तात्कालिक है।

कोकिला : *(झाँकती है)* दे दो न पच्चीस, बेचारा कितनी आशा लेकर आया है।

सन्दीपन : *(झुँझला कर)* इसकी आदत बिगड़ जाएगी, तो मेरा रक्तपान करने लगेगा।

कोकिला : कुंजी से हम अच्छी कमाई कर लेंगे। मास के अन्त तक मैं अनन्तनगर जा रही हूँ। पच्चीस सहस्त्र तो वहीं निकाल दूँगी।

सन्दीपन : *(बौखला जाता है)* लेखक के सामने बिक्री का ब्यौरा दे रही हो? हो क्या गया है तुम्हारी व्यवसाय-बुद्धि को?

कोकिला : तुम्हारी व्यवसाय-बुद्धि केवल आज को देखती है, कल को नहीं। इसको संस्थान का अन्तरंग सदस्य बना लो। हम चाँदी काटेंगे। लिख कर दे दूँ?

सन्दीपन : *(व्यंग्य से)* प्राणेश्वरी, तुमको इसकी सम्भावनाओं का अभी से पता चल गया?

कोकिला : मेरे पास तीसरी आँख है।

(मल्लिनाग को मीठी मुस्कान देती हुई जाती है। सन्दीपन लक्ष्य करता है। पल भर सोचता है)

सन्दीपन : *(और मुद्राएँ देता है)* लो, मेरा भट्टा बिठा दोगे तुम।

मल्लिनाग : पाँच हैं।

सन्दीपन : हाँ जाओ, तत्काल भोग-विलास में डूब जाओ।

मल्लिनाग : मैं यहीं आमरण अनशन करके प्राण दे दूँगा।

सन्दीपन : दे दो, मेरी कुछ बचत हो जाएगी।

मल्लिनाग : कम-से-कम बीस तो दो।

सन्दीपन : मैं 'अर्थशास्त्र' का प्रकाशक होता, तो अवश्य दे देता।

मल्लिनाग : *(धीरे से पुकारता है)* कोकिले—

सन्दीपन : *(मुँह पर उँगली रखकर 'शी' करता है; डपटते हुए)* अब तुम पति-पत्नी के बीच कलह करवाओगे? *(देता है)* लो, पूरी दस हैं।

मल्लिनाग : पन्द्रह तो दो, नहीं तो मैं सचमुच पुकार लगाता हूँ।

सन्दीपन : *(करुणा से)* मेरी आँखों के तारे मल्लिनाग, अब तो तुम संस्थान के अन्तरंग सदस्य बन गये हो, तुमसे क्या छिपाना...

मल्लिनाग : *(घबरा जाता है)* क्या हुआ?

सन्दीपन : अब मैं तुम्हें क्या बताऊँ, मेरी स्थिति कितनी दारुण है।

मल्लिनाग : हुआ क्या?

(सन्दीपन अपने हर संवाद के साथ आतंक भाव बढ़ाता जाता है)

सन्दीपन : भोजपत्र विक्रेता को दस सहस्र स्वर्ण मुद्राएँ अगर सोमवार तक नहीं दीं, तो वह चौदह प्रतिशत ब्याज जोड़कर मेरी कमर तोड़ देगा।

मल्लिनाग : बाप रे—

सन्दीपन : एक सुलेखक को कल सन्ध्या तक भुगतान नहीं किया, तो वह मेरी टाँग तोड़ देगा।

मल्लिनाग : सुलेखक हैं कि मल्लयोद्धा?

सन्दीपन : मूल रूप से मल्लयोद्धा ही है। कवि बनना चाहता था, बन नहीं सका, तो सुलेखन से सन्तोष करना पड़ा भगिनी-प्रेमी को। अब सारा आक्रोश मेरे ऊपर निकालता है, बात करने से पहले मेरा उत्तरीय पकड़ लेता है।

मल्लिनाग : आप तो सचमुच घनघोर विपत्तियों से घिरे हैं। पर पाँच मुद्राएँ और निकाल दीजिए—आपका जैसे सत्यानाश, वैसे सवा सत्यानाश—

सन्दीपन : *(पीड़ा से)* मेरा हृदय क्रन्दन कर रहा है मल्लिनाग! सन्ध्या को सगाई समारोह में जाना है, पर कोकिला को नहीं ले जा सकता...

मल्लिनाग : क्या उनका—*(अर्थपूर्ण ढंग से)* वह सप्ताह है?

सन्दीपन : नहीं, पर कैसे ले जाऊँ?

मल्लिनाग : पालकी में।

सन्दीपन : *(हथेलियों में मुँह छिपाते हुए)* कहते लज्जा आती है—

मल्लिनाग : *(परेशानी से)* इतनी संकटभरी बात?

सन्दीपन : *(हथेलियाँ हटा लेता है)* पर तुमसे क्या छिपाना? अब तो तुम परिवार के सदस्य हो।

मल्लिनाग : *(पीड़ा से)* मेरा हृदय डूब रहा है।

सन्दीपन : *(भयंकर दुःख के सुर में)* उनके पास ढंग की अंगिया तक नहीं—

(तेजी से बाहर चला जाता है। माल्लिनाग सोचता हुआ दूसरी दिशा से बाहर चला जाता है, कोकिला आकर कुछ काम करने लगती है। मल्लिनाग आता है, उसके हाथ में आवरण के भीतर कुछ है)

मल्लिनाग : इसे स्वीकार करो।

(कोकिला आवरण खोल कर देखती है, अंगिया है)

कोकिला : अब जब इतना कष्ट किया है तो अपने हाथों पहना भी दो। माप भी तो देखना है।

मल्लिनाग : माप बिल्कुल सही है।

कोकिला : *(प्रशंसा के भाव से)* कैसे मालूम हुआ?

मल्लिनाग : उड़ती दृष्टि से देखा था।

कोकिला : उड़ती दृष्टि से क्यों?

मल्लिनाग : यह काम प्रकाशकजी का है।

कोकिला : *(शिकायत के सुर में)* उनके पास पारखी आँख होती, तो रोना किस बात का था?

मल्लिनाग : *(जैसे तिरस्कार जताने को स्त्रियाँ करती हैं)* च्च् च्च्...

कोकिला : पारखी जब देखता है, तभी दोनों को सार्थकता मिलती है—वस्त्र को भी और सौन्दर्य उपादान को भी।

मल्लिनाग : मेरी परख के बारे में तुम इतनी आश्वस्त कैसे हो?

कोकिला : *(थोड़ी लजाती है)* इसका उत्तर केवल मेरा हृदय दे सकता है।

मल्लिनाग : तुम सचमुच विशालहृदय हो। सौन्दर्य जब ऐसी उदारदृष्टि को मिलता है, तभी सोने में सुहागे की कहावत रंग लाती है।

कोकिला : मैं इस बात पर गद्‌गद् हूँ कि तुमने मेरा दृष्टिकोण समझा। *(हाथ पकड़ कर मल्लिनाग को भीतर ले जाना चाहती है, गम्भीर मल्लिनाग ठिठकता है, कोकिला अर्थभरी मुस्कान से उसे देख रही है। उनके मंच-क्षेत्र में प्रकाश-वृत्त मन्द होने लगता है)*

गायकवृन्द : चोरी का चुम्बन मधुर-मधुर क्यों होता?
ऐसा आलिंगन क्यों रस-गन्ध पिरोता?
क्यों नख-क्षत का सीत्कार-पुष्प खिल जाता?
क्यों दन्त-क्षतों में खाए कामना गोता?
चोरी की रस-तस्करी विवशता मोहक
बन्धित विश्शेषक चन्दन-गन्ध न खोता

(घर वाले मंच-क्षेत्र में प्रकाश होने के साथ चिन्तित सन्दीपन हाथ का भोजपात्र पढ़ते हुए आता है)

सन्दीपन : *(पुकारता है)* कोकिला, हिसाब की बही तो देना *(भोजपत्र देखते हुए बुदबुदाता है)* स्वर्ण मुद्राएँ 133, रजत मुद्राएँ 258-भट्टा बैठ जाएगा ऐसे तो।

(भीतर से मल्लिनाग आता है, हाथ की बही बढ़ाता है, सन्दीपन मल्लिनाग को बिना देखे ले लेता है)

सन्दीपन : *(बही खोलते हुए)* मंजुल मयंक नाम का सुलेखक आया था?

मल्लिनाग : नहीं।

(सन्दीपन उसे देख कर स्तब्ध रह जाता है)

सन्दीपन : तुम यहाँ क्या कर रहे हो?

मल्लिनाग : *(गोपनीय ढंग से)* अब वह समारोह में जा सकती हैं।

सन्दीपन : *(चौंक जाता है)* ऐसा क्यों किया तुमने?

मल्लिनाग : *(आहत भाव से)* लेखक प्रकाशक के काम नहीं आएगा, तो और कौन आएगा?

सन्दीपन : तो बाहर से ही देकर चले जाते। भीतर क्यों घुसे?

मल्लिनाग : और अगर माप सही नहीं निकलता, तो?

कोकिला : *(सहज भाव से बोलती और बाल सँभालती हुई निकलती है)* अरे, अपराह्न ढल गया और मुझे पता ही नहीं चला!

सन्दीपन : *(चिन्तित भाव से)* क्या छोटी निकली? *(आरोप के सुर में कोकिला से)* तुम्हारे साथ हर बार यही होता है। शकुन्तला को भी पीछे छोड़ दिया है तुमने!

कोकिला : *(चिढ़ कर)* यह मेरा दोष है?

(कुछ कार्य-व्यापार करने लगती है। सन्दीपन गुस्से से मल्लिनाग को देखता है)

सन्दीपन : परम लम्पट निकले तुम!

मल्लिनाग : *(निर्दोष भाव से आरोप के सुर में)* लो, यहाँ तो होम करते हाथ जला!

सन्दीपन : अरे डायन भी ढाई घर छोड़ देती है!

मल्लिनाग : आपने मुझे अपनी संकट कथा नहीं सुनाई थी?

सन्दीपन : अतिशयोक्ति अलंकार नहीं जानते? बड़े लेखक बने फिरते हो! *(कोकिला से)* मेरी हृदय-दुन्दुभि, तुम जो भी यहाँ आएगा, उसके हाथों से अन्तर्वस्त्र पहन लोगी?

कोकिला : *(परम भोले भाव से)* मैंने समझा कि तुम्हारा अन्तरंग है।

सन्दीपन : *(क्रोध से)* जिस दिन लेखक प्रकाशक का अन्तरंग हो जाएगा, उस दिन ठप्प हो जाएगा प्रकाशन व्यवसाय!

कोकिला : *(आरोप से)* तब फिर मेरे अन्तर्वस्त्र की चर्चा उससे क्यों की?

सन्दीपन : वह तुम्हारे सुनने के लिए नहीं थी।

कोकिला : *(भन्ना जाती है)* मेरे अन्तर्वस्त्र की चर्चा करोगे और मुझसे पर्दा रखोगे? यह कुतर्क की सीमा है।

मल्लिनाग : मुझे आज्ञा दी जाए...

कोकिला : *(अनुराग की मुस्कान से)* कल आओगे न?

सन्दीपन : *(चिढ़ कर)* कल किसलिए आएगा? तुम्हारा नितम्ब–पीताम्बर लेकर?

कोकिला : *(बनावटी भोलेपन से)* तुम इतने कुपित क्यों हो रहे हो?

(सन्दीपन स्थिर दृष्टि से उसे देखता है। मल्लिनाग जाने लगता है। यहाँ अन्धकार और दूसरे भाग में प्रकाश, जहाँ मल्लिनाग कौड़ियाँ फेंक रहा है। सूत्रधार का प्रवेश। ठिठक जाता है, देखने लगता है)

सूत्रधार : यह क्या हो रहा है?

मल्लिनाग : *(अपने काम में व्यस्त)* छप्परफाड़ मुद्राओं के लिए मुझे शीघ्रमार्ग अपनाना होगा।

सूत्रधार : जुआ खेलकर?

मल्लिनाग : *(चिढ़कर)* नहीं, सत्संग करके।

सूत्रधार : क्या?

मल्लिनाग : *(झुँझला कर)* मेरा बाप मेरे नाम सुरक्षा कोष छोड़ कर मरा था? अपनी आजीविका कमाना है मुझे, इसलिए...

सूत्रधार : जुए से आजीविका कमाओगे?

मल्लिनाग : अब मेरी महत्त्वाकांक्षा यह है कि मैं राजधानी का सबसे बड़ा जुआरी बनूँ।

सूत्रधार : तो अपनी रीढ़ की हड्डी की मरम्मत का प्रबन्ध कर लो।

मल्लिनाग : क्या प्रलाप कर रहे हो?

सूत्रधार : जुआघर इसलिए नहीं चलाया जाता कि तुम्हारे जैसे की महत्त्वाकांक्षाएँ पूरी हों, आपदा को आमन्त्रण मत दो।

मल्लिनाग : आपदा झेल कर ही दुस्साहसी सफलता को गले लगाता है।

सूत्रधार : अगर ऐसी ही विवशता है, तो छोटी आपदा के बारे में सोचने की कृपा करो।

(जाता है। मल्लिनाग सोचता है। अब ऊँची जगह से कूदने का अभ्यास कर रहा है। सूत्रधार आता है, देखता है)

सूत्रधार : अब यह क्या हो रहा है?

मल्लिनाग : मुझे सीमान्त पहाड़ी से इस तरह चक्राकार कूदना है कि तीरों की बौछार से बचाव हो सके।

सूत्रधार : तुम पहाड़ी से क्यों कूदोगे और तुम पर तीरों की बौछार कौन

करेगा?

मल्लिनाग : पता नहीं क्यों, पर तस्करी विधि के विरुद्ध है।

सूत्रधार : अब तुम्हारी महत्त्वाकांक्षा तस्कर बनने की है?

मल्लिनाग : *(मुस्कान से)* वह क्षेत्र मेरी प्रतिभा के लिए अधिक उपयुक्त है। मुझे कोष भी बहुत बड़ा चाहिए न!

सूत्रधार : किस वस्तु की तस्करी करोगे?

मल्लिनाग : सीमा-पार से सोने की। छिपते-छिपाते पहाड़ी तक पहुँच जाऊँगा, जिसके नीचे बहने वाली पुण्यवती नदी अपनी सीमा में है।

सूत्रधार : मेरा दूसरा प्रश्न तीरों की बौछार के बारे में था।

मल्लिनाग : *(चिढ़कर)* तुम्हें हो क्या जाता है? उनका सीमा-सुरक्षा बल तस्कर को पुष्पहार के साथ विदा करेगा? जब नदी में कूदूँगा, तो वे मुझे रोकेंगे नहीं?

सूत्रधार : हर दिन ऐसे चालीस-पचास बन्दी बना लिए जाते हैं, आठ-दस के मरने का समाचार भी आता है।

मल्लिनाग : महत्त्वाकांक्षा के लिए जोखिम तो उठाना ही पड़ता है। मैं तुमको अपना सहायक बनाने को तैयार हूँ। लाभ का ढाई प्रतिशत दे दूँगा। *(बड़ी मुस्कान से)* एक साल में तुम पंचम कोटिपति बन जाओगे।

सूत्रधार : और अरबपति बनने के बाद तुम क्या करोगे?

मल्लिनाग : *(झुँझला कर)* हो क्या जाता है तुमको? जीवन का उपभोग करूँगा— सप्त तल भवन, हाथी, घोड़े, रथ, अँधेरा होते ही बिल्लौरी चषक, हर दूसरे दिन नया संकेत स्थल...

सूत्रधार : यानी भोग-विलास में डूब जाओगे?

मल्लिनाग : पुरुषार्थ का मतलब है जीवन की सार्थकता। यह मिलती कैसे है? सफलता से। सफलता की पहली कसौटी क्या है? धन। वही जीवन की धुरी है। क्यों? उससे चुनाव की सुविधा मिलती है—जैसे चाहूँ, वैसे अपना जीवन जीने का चुनाव। अभी मैं चुनाव नहीं कर सकता। अभी मुझे एक रजत मुद्रा भी कमानी हो, तो क्या करना होगा? जाओ और सन्दीपन का मनहूस मुखमंडल देखने की यातना झेलो।

सूत्रधार : अगर तीर तुम्हारे आरपार हो गये, तो?

मल्लिनाग : *(विवशता से)* तब क्या करूँ मैं?

(दोनों एक-दूसरे को देख रहे हैं, सन्दीपन बोलता हुआ आ रहा है)

सन्दीपन : एक पुस्तक लेखक का जीवन बदल देती है। आर्य कौटिल्य को 'अर्थशास्त्र' से कोई भौतिक चाह नहीं थी। पर यह सच है कि राजकीय प्रकाशन संस्थान ने अब तक उस ग्रन्थ से पद्म स्वर्ण मुद्राओं का लाभ कमा लिया है।

(सूत्रधार का प्रस्थान। सन्दीपन मल्लिनाग के साथ चलने लगता है)

सन्दीपन : बाणभट्ट ने 'हर्षचरित' और 'कादम्बरी' को जी भर कर भुनाया। ग्रन्थ भी भारी-भरकम थे। सो अपने लेखक को मोटा शुल्क देते गये। नाटक का कलेवर छोटा होता है। पर अगर चल निकले, तो बेड़ा पार हो जाता है। जब शूद्रक ने रंगमंडली को 'मृच्छकटिक' सुनाया, तो वहाँ की प्रमुख अभिनेत्री ने नखरीली टिप्पणी की, *(उसकी अदा की नकल के साथ)* वसन्तसेना के चरित्र में अभिनय चुनौती मेरे स्तर की नहीं! *(अपने स्वाभाविक स्वर में)* वसन्तोत्सव आने वाला था और प्रथा के अनुसार उसका स्वागत नये नाटक से होना था। कोई और नया नाटक मिला नहीं। रंगमंडली को आधे मन से 'मृच्छकटिक' करना पड़ा। फिर क्या हुआ? एक साल के भीतर अलग से 'मृच्छकटिक' एकांश बन गया, जो समूचे आर्यावर्त में घूम-घूम कर प्रदर्शन करता था। लेकिन शूद्रक बहुत दूरन्देशी निकले। उन्होंने तुरन्त वसन्तसेना प्रकाशन खोल कर नाटक स्वयं प्रकाशित करा दिया। 'मृच्छकटिक' वसन्तसेना प्रकाशन की पहली और अन्तिम पुष्प भेंट थी। बेचारे को दूसरा नाटक लिखने का अवकाश ही नहीं मिला। *(आतंक के भाव से)* क्योंकि स्थिति इतनी विकट हो गयी थी कि सम्माननीय शूद्रक के लिए स्वर्ण मुद्राएँ तक गिनना भारी पड़ गया—वह आलू तौलने वाली बड़ी तुला पर स्वर्ण मुद्राएँ तौल कर मंजूषा कक्ष में भरने लगे। मिट्टी की गाड़ी मुक्ता-पुखराज की गाड़ी हो गयी! *(सुर बदल कर)* उसके बाद आते हैं हमारे परम मित्र कालिदास—'मालविकाग्निमित्र' की पांडुलिपि लिये राष्ट्रीय रंगमंडल के चक्कर काट रहे थे। द्वारपाल को सुरती खिलाते और नाटक पिलाते। पर वह पाषाणहृदय भी उन्हें होनहार

से अधिक मानने को तैयार नहीं था। अजनबी उज्जयिनी में कालिदास का संघर्ष बहुत तीखा हो गया। एक कांस्य मुद्रा तक का किराया नहीं चुका पाए, तो महाकाल धर्मशाला से बाहर कर दिये गये। रात काटने शिप्रा के किनारे एक आम्रवृक्ष के नीचे जा लेटे। तभी गर्जना हुई आषाढ़ के पहले मेघ की, और ग्राम में छूटी प्रिया के वियोग का दंश सम्पूर्ण गहराई से चुभ गया। पास केवट की कुटी में पहुँचे और दिये के टिमटिमाते प्रकाश में लिखने लगे। तीन मास बाद 'मेघदूत' प्रकाशित हुआ और कालिदास के ऊपर होने लगी स्वर्णिम मुद्राओं की धारासार वर्षा! *(मुस्कान से)* देखते-देखते बन्धु का जीवन बदल गया। छै श्वेत घोड़ों वाला रथ, चाकरों की टोली, सात तल का भवन, राजधानी से तीस कोस दूर कुटीर अलग। साहित्य और समाज में प्रतिष्ठा—हर कोई उनके पाँव पखारने को व्याकुल—बिलकुल संसार-सुन्दरी वाला दृश्य था— *(मुकट सिर पर रखने के मूकाभिनय के साथ)* किरीट से पहले और किरीट के बाद— मेघदूत से पहले और मेघदूत के बाद!

मल्लिनाग : *(हसरत से)* 'शाकुन्तल' कब आयी?

सन्दीपन : तीन वर्ष बाद। *(हँसता है)* पुस्तक जब देती है, तो छप्पर फाड़ कर! फिर होता क्या है कि आर्यावर्त में जितने विश्वविद्यालय थे, किसी-न-किसी कक्षा में दोनों की दोनों पुस्तकें पाठ्यक्रम में लगी हुई थीं। अब आप राजसी संस्करण में पैंतीस स्वर्ण मुद्राओं के मूल्य पर पच्चीस प्रतिशत लेखकीय शुल्क निकाल कर जोड़िए।

मल्लिनाग : *(आश्चर्य से)* पच्चीस प्रतिशत?

सन्दीपन : कविकुल-गुरु उपाधि पाते ही कालिदास की भौंहें टेढ़ी हो गयीं। *(क्रोध के सुर में)* मुझे आपने भवभूति समझ रखा है, जो पन्द्रह प्रतिशत टिका रहे हैं? *(सामान्य स्वर में)* अब आप प्रकाशक होते, तो क्या करते? दुधारू गाय की दुलत्ती नहीं सहते?

मल्लिनाग : *(आवेश में आ जाता है)* नाटक और काव्य मेरे बस का नहीं। उसके अलावा और क्या धुआँधार बिकता है?

सन्दीपन : सबसे पहले हर विषय का मानक ग्रन्थ—कूटनीति में 'अर्थशास्त्र', नाट्यकला में 'नाट्यशास्त्र', काव्यशास्त्र में 'रससिद्धान्त', ज्योतिष में 'भृगुसंहिता'—

मल्लिनाग : कोई ऐसा क्षेत्र है, जिसमें अभी मानक ग्रन्थ न हो?

संदीपन : शरीर विज्ञान।

मल्लिनाग : क्या बात कर रहे हैं आप! चिकित्सा शिक्षा कैसे दी जाती है?

सन्दीपन : *(अर्थभरी मुस्कान से)* बन्धु, मेरा संकेत शरीर की भावनाओं से है, प्रेम विज्ञान यानी कामशास्त्र।

मल्लिनाग : हर मार्ग पर आपको 'अनंग-दृश्यावलि' और 'रति-रहस्य' दिखाई नहीं देते?

सन्दीपन : उसके ग्राहक होते हैं कच्चे किशोर और आते हैं चोरी छिपे। क्यों? वे पुस्तकें सस्ता रसपान कराती हैं। उनमें गम्भीरता और गरिमा नहीं। अगर यौन भावना का शास्त्रीय विवेचन किया जाए तो कोई कारण नहीं कि उसे 'अर्थशास्त्र' या 'नाट्यशास्त्र' जैसा गौरव न मिले।

(मल्लिनाग सोच रहा है)

सन्दीपन : ऐसी पुस्तक की ठोस आवश्यकता है इस समय। सामान्य पाठकों को तो छोड़ो, यौन अध्ययन केन्द्र का पाठ्यक्रम भी कामचलाऊ माना जाता है। वहाँ के निर्देशक बता रहे थे, उन्होंने एक यौन विशेषज्ञ को अग्रिम देकर पुस्तक लिखवायी थी। उन्होंने अंगों का वर्गीकरण और उनका व्यवहार लिख कर थमा दिया। हो गयी कामसम्बन्ध की विवेचना!

मल्लिनाग : आपने किसी से अनुरोध नहीं किया?

सन्दीपन : नगरवधू से किया था। वे हँसने लगीं, बोलीं, मुझे व्यावहारिक शिक्षा से ही अवकाश नहीं मिलता!

(मल्लिनाग सोच रहा है। दोनों विचारलीन भाव से मंच का चक्कर लगाते हैं)

मल्लिनाग : कामशास्त्र के लेखक में कौन-से गुण होने चाहिए?

सन्दीपन : गम्भीर, विचारशील, ललित कलाओं का विद्वान, वाङ्मय का ज्ञाता, यौवन का आराधक, जिसमें कामुक की कामना भी हो और संन्यासी का वीतराग भी। जो अपनी सहज यौन प्रवृत्ति

को आध्यात्मिक स्पर्श दे सके, जिसमें लीला-विलास को उसके पूरे परिप्रेक्ष्य में देखने की सामर्थ्य हो, जो चरम सीमा के सीत्कार में भोक्ता के जन्म से लेकर संन्यास तक की जीवनशैली दे सके—उसके पाप-पुण्य, अनुराग-विराग, उसकी आत्मा का परमात्मा से सम्बन्ध...

(दोनों की निगाह मिलती है। दोनों अलग होकर मंच का चक्कर लगा कर फिर आमने-सामने आते हैं)

सन्दीपन : तो क्या सोचा?

मल्लिनाग : मैं विषय का अधिकारी विद्वान नहीं।

सन्दीपन : जानते हो, 'अनंग-दृश्यावलि' के लेखक कौन हैं?

मल्लिनाग : अज्ञात।

सन्दीपन : उनका वास्तविक नाम है द्रोणवीर गोस्वामी। वे पशुओं के चिकित्सक हैं। उन्होंने गाय-बैल के मनोवैज्ञानिक के सहारे स्त्री-पुरुष के कामसम्बन्धों पर पुस्तक लिख मारी! अब तक कुल अठासी संस्करण निकल चुके हैं और तेईस भाषाओं में उसका अनुवाद हो रहा है।

मल्लिनाग : मैं दर्शन का विद्यार्थी हूँ। प्रेमशास्त्र का ज्ञान बहुत सीमित है।

सन्दीपन : चार-छै प्रेम तो किये हैं न?

मल्लिनाग : सो तो है।

सन्दीपन : अलग-अलग कोटि की दो-चार स्त्रियों को तो छुआ है न?

मल्लिनाग : सो तो है।

सन्दीपन : तो उस अनुभव के आधार पर कल्पना की उड़ान भरते हुए अन्तर्दृष्टि से काम लो। परामर्श के लिए मैं तो हूँ ही!

मल्लिनाग : आप कौन-से तीर मारेंगे?

सन्दीपन : *(कुटिल मुस्कान से)* मैंने भी घाट-घाट का पानी पिया है बन्धु! कठिनाई यही है कि मेरे पास भाषा नहीं।

मल्लिनाग : *(बड़ी मुस्कान से)* भाषा आपके पास होती, तो उसका यह महान दुर्भाग्य होता!

सन्दीपन : *(स्निग्ध मुस्कान देता है)* पता है, तुम मुझे इतने प्रिय क्यों हो? *(मल्लिनाग नाहीं में सिर हिलाता है)*

सन्दीपन : क्योंकि तुम मुझे अपनी सच्ची भावना का साझीदार बनाते हो।

मल्लिनाग : *(मीठी मुस्कान से)* आप इतने कुटिल, घिनौने, और पतित हैं कि अगर मैं अपनी सच्ची भावना को छिपाने का तनाव

मोल लूँगा, तो हृदयाघात से देखते-देखते मर जाऊँगा!

सन्दीपन : *(वैसी ही मुस्कान से)* मेरे द्वारा तुम्हारा सारा रक्त चूस लिये जाने के बाद जब तुम्हारा राम-नाम-सत्य होगा, तो मैं तुम्हारे अन्तिम संस्कार के पूरे दायित्व का वादा करता हूँ।

मल्लिनाग : *(गम्भीरता से)* आप कितने विशालहृदय हैं!

सन्दीपन : *(गरिमा से)* हमारा सम्बन्ध मर्यादा में सप्तपदी से कम नहीं। लेखक की अर्थी का खर्च अगर उसका प्रकाशक नहीं, तो और कौन उठाएगा?

मल्लिनाग : *(बनावटी भावावेग से)* पिघल कर नवनीत हो गया हूँ मैं! *(दोनों गले मिलते हैं, अगले पल झटक कर अलग हो जाते हैं)*

सन्दीपन : तो क्या विचार बना?

मल्लिनाग : विषय के कारण संकोच हो रहा है।

सन्दीपन : पाँच सहस्त्र वर्ष बाद जब कोई भारतीय चिन्तन का इतिहास लिखेगा, तो अपना नाम अनुपस्थित देखकर क्या तुम्हें बहुत पीड़ा होगी?

मल्लिनाग : अपनी क्षमता के उल्टे आप सूक्ष्म व्यंग्य की मार कर गये हैं।

सन्दीपन : कोई छद्मनाम डाल देंगे। हमारे सिवा कोई नहीं जानेगा।

मल्लिनाग : उत्तरदायित्व तो मेरा होगा।

सन्दीपन : कैसा उत्तरदायित्व? पाठक कामसम्बन्ध जानने के लिए पुस्तक पढ़ेगा और अपनी समझ के अनुरूप उसे ज्ञानप्रकाश मिलेगा।

मल्लिनाग : अगर उसने भ्रामक प्रकाश पकड़ लिया, तो?

सन्दीपन : *(मुस्कुराता है)* इस पथ पर भ्रम की कोई सम्भावना नहीं। यहाँ प्रकाश का मार्ग, गन्तव्य सब सुनिश्चित है। *(दोनों सन्दीपन के घर पहुँच गये हैं, पीछे कोकिला कुछ काम करते हुए पल भर को दिखाई देती है)*

मल्लिनाग : अनुत्तरदायी होना मेरा स्वभाव नहीं।

सन्दीपन : तो तुम्हारा नाम दे देंगे।

मल्लिनाग : किसी संकट में न फँस जाऊँ?

सन्दीपन : भले मानस, यह संकट से उबारने का ही तो प्रस्ताव है।

मल्लिनाग : डर लग रहा है।

सन्दीपन : *(झुँझला कर)* आर्यावर्त का नवयुवक दीन-हीन क्यों है? क्योंकि उसमें साहस की कमी है। डरो मत। आगे बढ़ो,

पक्का संकल्प और ठोस इच्छाशक्ति...

मल्लिनाग : मेरा पारिश्रमिक क्या होगा?

सन्दीपन : *(नाराज़ हो जाता है)* ये लेखक की जात कभी नहीं सुधरेगी। घर में भूनी भाँग नहीं, दो कौड़ी की तुम्हारी हैसियत नहीं। इस पर तुर्रा यह कि तुम कामशास्त्र के अधिकारी भी नहीं। वह तो तुम हाथ फैला कर आये, इसलिए मैंने सोचा कि चलो मेरे सहारे पेट पाल रहा है। मेरे खाते में कुछ पुण्य ही संचित हो जाएगा। पर लेखक की जात तो कुत्ते की पूँछ है। सीधी कैसे होगी?

मल्लिनाग : *(क्रोध से)* आपको मेरा अपमान करने का कोई अधिकार नहीं।

सन्दीपन : मुझे आँखें दिखाते हो?

(कोकिला भीतर से आती है)

कोकिला : क्यों लड़ रहे हो उससे? ऐसा कुलीन युवक है बेचारा—

(अगले संवादों के दौरान मल्लिनाग बारी-बारी से बोलने वाले को देखता जाता है)

सन्दीपन : *(भन्ना जाता है)* अगर यह कुलीन है, तो कुलीनता की परिभाषा बदलनी होगी?

कोकिला : *(भी तीखी है)* मेरे घर में अतिथि का अपमान न हो, यह देखना मेरा काम है।

सन्दीपन : यह अतिथि नहीं, मँगता है और क्योंकि सामर्थ्य से ऊँची माँग करता है, इसलिए अपमान का सच्चा दावेदार है।

कोकिला : तुमको शिष्टाचार का एक पहर वाला पाठ पढ़ाना होगा।

सन्दीपन : उसके पहले मैं तुम्हें मर्यादा-पाठ पढ़ाऊँगा। पति के अलावा जिन अन्तर्वस्त्रों की किसी को झलक भी नहीं दिखनी चाहिए, उनकी शोभा-यात्रा तुमने कैसी उमंग से इस परपुरुष को दिखाई है!

(अब मल्लिनाग बोलने वाले को मीठी मुस्कान से देखता जाता है)

कोकिला : सौन्दर्य-पारखी किसी के सुन्दर उपादान देखे, इसी में उनकी सार्थकता है।

सन्दीपन : मैं तो देखता हूँ दिन-रात! उससे तुम्हें सन्तोष नहीं होता?

कोकिला : *(विलाप के सुर में)* तुम देखने की पद्धति का क-ख-ग भी जानते होते,तो रोना किस बात का था?

सन्दीपन : यह जानता है?

कोकिला : *(प्रशंसा से)* और आगे जाकर उपादानों से सीधे संवाद भी कर लेता है, उनकी स्पर्श-भाषा तक समझता है।

सन्दीपन : *(बौखला कर)* क्या उल्टा-सीधा बोल रही हो? स्पर्श-भाषा केवल अन्धों की होती है।

(कोकिला सन्दीपन को देखती है, मुस्कुराने लगती है। मल्लिनाग अपने कानों को हथेलियों से ढँक लेता है)

सन्दीपन : *(मल्लिनाग से कुढ़ कर)* तुमने कान क्यों बन्द कर लिये?

मल्लिनाग : पति-पत्नी का विवाद सुनना परपुरुष को शोभा नहीं देता।

सन्दीपन : विवाद का कारण तुम हो।

कोकिला : *(सन्दीपन से)* नहीं, तुम हो।

मल्लिनाग : *(कानों से हथेलियाँ हटा लेता है)* कोकिला, तुम समझदार हो। विवाद को पूर्ण विराम दो।

(कोकिला मल्लिनाग को देखती है, क्रोध का भाव मीठी मुस्कान में बदल जाता है, मल्लिनाग की एक लट सँवारते हुए भीतर जाने लगती है)

सन्दीपन : *(भड़क कर कोकिला से)* यह क्या रासलीला हो रही है मेरी आँखों के सामने?

कोकिला : *(रुक कर भर्त्सना से सन्दीपन को देखते हुए)* हमारा शुभचिन्तक है! हमारे बीच विवाद नहीं देख सकता।

सन्दीपन : इसके कारण ही तो हो रहा है विवाद!

कोकिला : इसके कारण हमारे सम्बन्ध में गुणात्मक परिवर्तन आया है। हमारा सम्बन्ध शिथिल और ठंडा पड़ गया था। पर इससे मिलने के बाद जब मैं तुम्हारे साथ अकेली होती हूँ, तो सचमुच उत्तेजना को प्राप्त हो जाती हूँ।

(सन्दीपन स्तब्ध रह जाता है, कोकिला भीतर जाती है, सन्दीपन का मनोबल बहुत गिर गया है। मल्लिनाग जाने को होता है, फिर ठिठक जाता है)

मल्लिनाग : *(नर्मी से)* प्रकाशक जी—

(सन्दीपन कुढ़ा हुआ देखता है)

मल्लिनाग : क्षमा करें! मुझे आपसे नहीं उलझना चाहिए था। यह सच है कि मैं न तो लेखक हूँ, न कामशास्त्र का अधिकारी। आप तो मुझे कृतार्थ कर रहे थे और मैं महामूर्ख आप पर क्रोध कर बैठा। मैं वास्तव में पतित हूँ। मेरे पनपने का कोई प्रश्न

ही नहीं।

सन्दीपन : *(मुस्कुरा देता है)* जब घर लौटे, तभी सवेरा। वह क्या है बन्धु कि लेखक और प्रकाशक एक ही रथ के दो पहिये हैं। एक के बिना दूसरे की गति नहीं। *(पल भर ठिठकता है। भाव बदल जाता है)* शान्त पापम्, मैंने क्रोध में आकर तुम्हें शाप दे दिया था। मैं सचमुच अधम हूँ।

मल्लिनाग : अरे, क्या कह रहे हैं आप?

सन्दीपन : *(अपने गालों पर तमाचे मारता है)* मैं कुटिल हूँ, नीच हूँ, पतित हूँ...

मल्लिनाग : पाप के बोल मत बोलिए।

सन्दीपन : मैंने घर आये अतिथि का अपमान किया।

मल्लिनाग : मैं ऐसा अतिथि हूँ, जो हर घर में अपमान के योग्य है।

सन्दीपन : *(मुस्कान बड़ी हो जाती है)* विनयपत्रिका अच्छी लिखते हो। पुस्तक पर काम आरम्भ कर दो। दस प्रतिशत मानदेय दूँगा।

मल्लिनाग : मानक तो पन्द्रह है।

सन्दीपन : *(क्रोधित हो जाता है)* तुम फिर आ गये अपने धरातल पर! तुम मानक लेखक हो जो तुम्हें मानक प्रतिशत मिलेगा? वैसे भी तुम्हारे जैसे नये लेखिनीघसीटू को मानदेय देता कौन है? एकबारगी भुगतान करके प्रकाशक प्रलय तक के लिए मोल ले लेता है।

मल्लिनाग : इसमें और रक्त पीने में क्या अन्तर हुआ?

सन्दीपन : मैंने तुमको बाँध कर रखा है? भाग जाओ और मेरे जैसे रक्त-पिपासु से अपने को बचाए रखो।

(बाहर जाने लगता है। मल्लिनाग पीछे आता है)

मल्लिनाग : *(नम्रता से)* अरे सुनिए श्रीमान्, आप तो बात-बात पर रूठ जाते हैं।

सन्दीपन : तुम बात ही ऐसी करते हो।

मल्लिनाग : अच्छा, अग्रिम क्या देंगे?

सन्दीपन : दिनदहाड़े मदिरापान करके आये हो? नये लेखक को पागल भी अग्रिम नहीं देता।

मल्लिनाग : *(आहत होकर)* मेरी आवश्यकता तीखी है। तभी मैंने आपकी ड्योढ़ी को नमन किया।

सन्दीपन : मेरी आवश्यकता तीखी है, केवल इसीलिए कोई मुझसे आयुर्वेद

की एक सहस्त्र प्रतियाँ मोल ले लेगा? हर कोई अपनी आवश्यकता देखता है, दूसरे की आवश्यकता पर आँखों की ज्योति चली जाती है, जीवन का यह आधारभूत सत्य तुम्हें किसी ने नहीं बताया?

मल्लिनाग : नहीं, आपसे ज्ञानलाभ पाकर ही मुझे कृतार्थ होना था।

सन्दीपन : तो हो चुके न! अब अपना रास्ता पकड़ो।

मल्लिनाग : आपका साथ जी का जंजाल—

(जाने लगता है, सन्दीपन दो पल देखता है, फिर पीछे आता है)

सन्दीपन : *(मनाने के सुर में)* सुनो बन्धु, तुम तो बालक की तरह रूठते हो। यह लो अग्रिम—

(देता है)

मल्लिनाग : *(धक्का लगता है)* एक स्वर्णमुद्रा?

सन्दीपन : *(बनावटी आतंक से)* तो क्या मुझे लूटने का विचार है?

मल्लिनाग : कम-से-कम पाँच तो दीजिए।

सन्दीपन : पाँच मुद्राएँ मेरी गाँठ से तभी निकलेंगी, जब साक्षात् भवभूति आकर कहें, यह रही नये नाटक की पांडुलिपि!

मल्लिनाग : अच्छा, तीन कर दीजिए।

सन्दीपन : क्यों लगातार मेरी जीभ को अपशब्दों का अभ्यस्त बनाते जा रहे हो?

मल्लिनाग : तीन सही हैं—न आपकी रही, न मेरी।

सन्दीपन : तुम्हारी क्यों रहनी चाहिए, अब इस पर प्रकाश डालना पड़ेगा।

मल्लिनाग : *(ऐंठ कर)* क्या मेरा आत्मसम्मान नहीं?

सन्दीपन : *(मुस्कुराता है)* ठिठोली अच्छी कर लेते हो।

मल्लिनाग : आप जैसे जड़बुद्धि को मनीषा की हवा तो लगी नहीं। आपसे बात करते हुए पता है, मैं किसलिए विवश होता हूँ?

सन्दीपन : नहीं।

मल्लिनाग : अपने मस्तिष्क के सबसे नीचे तल पर क्रियाशील रहने के लिए।

सन्दीपन : *(मुस्कुराता है)* तुम मुझे उत्तेजित करके क्रोधित करना चाहते हो।

मल्लिनाग : किसलिए?

सन्दीपन : ताकि तुमको गलत प्रमाणित करने के लिए मैं अधिक अग्रिम दे दूँ—*(सीने पर हथेली रखता है)* आह, तीव्र हो गयी है

हृदय-गति अग्रिम की बात भूल जाओ।

मल्लिनाग : छीः छीः, आप कैसे सज्जन हैं? अपनी बात से मुकर जाते हैं!

सन्दीपन : अब तुम मुझे लज्जित करना चाहते हो?

मल्लिनाग : इतनी सरलता से हो जाते, तो रोना किस बात का था!

सन्दीपन : तुम जैसों से निबाह करते हुए और हो भी क्या सकता है?

मल्लिनाग : आप लेखकों से घृणा करते हैं न?

सन्दीपन : अरे, तुमने मेरे मन की बात कैसे जान ली?

मल्लिनाग : तुम्हारी आँखों में लिखी है।

सन्दीपन : तुम मुझे यह नहीं बताना चाहोगे कि तुम प्रकाशक से कितनी घृणा करते हो?

मल्लिनाग : छीः छीः, कैसी बात कर रहे हो तुम? तुमको देख कर मेरे हृदय में स्नेह-ज्वार कूल-किनारे तोड़ने लगता है। *(खीस से रेखाचित्र निकाल कर दिखाता है)* देखो।

सन्दीपन : अष्टावक्र-से लग रहे हैं। आँख एक ही है और वह भी कानी, लेकिन जिह्वाएँ आठ हैं और हरेक जिह्वा से रक्त टपक रहा है। क्यों?

मल्लिनाग : रक्तजीवी हैं, इसलिए...

सन्दीपन : इन्होंने लाल उत्तरीय क्यों पहन रखा है?

मल्लिनाग : रक्तजीवी हैं, इसलिए...

सन्दीपन : कौन हैं ये?

मल्लिनाग : प्रकाशकों के देवता, प्रभु अक्षरशत्रु!

(दोनों की नज़र मिलती है)

सन्दीपन : ये चमगादड़ पर क्यों बैठे हैं?

मल्लिनाग : वही इनका वाहन है, क्योंकि उसके साथ इनकी कई समानताएँ हैं। दोनों अन्धकार में देख सकते हैं। इन्हें एकाग्रलक्ष्या भी कहा जाता है, क्योंकि इनकी आँखें हिसाब-पोथी में लेखक के पारिश्रमिक पर केन्द्रित रहती हैं। इनकी एक और अकेली चिन्ता यही है—कि पारिश्रमिक के छै सात आठ शून्य किस विधि से घटाते हुए एक पर लाए जाएँ।

(सन्दीपन स्थिर दृष्टि से उसे देख रहा है)

मल्लिनाग : अब तुम चुपचाप तीन स्वर्ण मुद्राओं का अग्रिम देकर अपना जीवन धन्य करो।

सन्दीपन : चलो, दो ले लो।

मल्लिनाग : दो की राशि अमंगलकारी मानी जाती है।

सन्दीपन : किसके लिए?

मल्लिनाग : लेने वाले के लिए।

सन्दीपन : राशि पाने के कितने दिन बाद अमंगल होता है?

मल्लिनाग : यह क्यों पूछ रहे हो?

सन्दीपन : *(गम्भीर भाव से)* पांडुलिपि मुझे देने के बाद तुम्हारे साँस लेने का क्या अर्थ होगा?

मल्लिनाग : *(वैसे ही)* मैं तुम्हारी हत्या में नया अर्थ ढूँढ़ लूँगा।

सन्दीपन : *(वैरागी भाव से)* तुम पिछले जन्म में अवश्य डाकू रहे होगे।

मल्लिनाग : *(वैसे ही)* इस जन्म में भी वही होता, तो सुख के हिंडोले में झूल रहा होता।

सन्दीपन : *(परम चिन्ता भाव से)* जानता हूँ अपने ही पाँवों पर कुल्हाड़ी मार रहा हूँ।

(तीन मुद्राएँ देता है, दोनों तीखी दृष्टि से एक-दूसरे को देखते हैं। सन्दीपन के प्रस्थान के साथ प्रकाश-व्यवस्था बदलती है। आश्रम का एकाकी कोना। मन्त्रोच्चार। दो-चार मुनि समिधा आदि लिए यहाँ-वहाँ से निकलते हैं। गायकवृन्द का आलाप, विचारलीन मल्लिनाग भोजपत्र पर जब-तब कुछ लिखता है। सन्दीपन व्यग्रता से आता है)

सन्दीपन : अरे, कहाँ विलीन हो गये थे? मैं तुम्हें ऐसे ढूँढ़ रहा हूँ जैसे सावित्री सत्यवान को ढूँढ़ती है!

मल्लिनाग : क्या हुआ?

सन्दीपन : तुमको अग्रिम दे रखा है। और क्या हुआ? रात को ठीक से नींद नहीं आती। पांडुलिपि का क्या हुआ?

मल्लिनाग : अभी पक रही है।

सन्दीपन : परमहंस प्रकाशन पर ताला लगवाने का विचार है क्या?

मल्लिनाग : तुम सही समझे।

सन्दीपन : ऐसी ठिठोली मत करो परमप्रिय, मेरी हृदय-गति रुक जाएगी।

मल्लिनाग : उससे मुझे क्या अन्तर पड़ने वाला है!

सन्दीपन : मेरी प्रेतात्मा तुम्हें कभी चैन नहीं लेने देगी।

मल्लिनाग : तीन मुद्राओं के लिए?

सन्दीपन : हाँ, आश्रम में क्यों डेरा डाल दिया? पांडुलिपि देने से पहले ही वीतराग हो गये?

मल्लिनाग : मुझे शान्ति चाहिए। और स्त्री जाति से दूरी।

सन्दीपन : अच्छा?

मल्लिनाग : मुझे ऐसे संन्यासी की स्थितप्रज्ञता चाहिए जो कामना से ऊपर उठ चुका हो।

सन्दीपन : कुछ रूपरेखा तो बनाई होगी?

(अगले संवाद के बीच मल्लिनाग गम्भीर हामी में सिर हिलाता है, लिखने का मूकाभिनय करता है, सन्दीपन चला जाता है। गायकवृन्द का आलाप। सूत्रधार आता है। उसके परवर्ती संवाद के साथ मल्लिनाग रचना-प्रक्रिया की विविध झलकियाँ दिखाता है—अचानक विचार का आना, लिखना, फिर उसे काट देना, दूसरे विचार को लिखना, लेखनी के पिछले सिरे को माथे पर ठोकने की विवशता, अचानक उठकर टहलना, आदि)

सूत्रधार : मल्लिनाग चिन्तन करने लगे, रूपरेखा उभरने लगी, अध्यायों का विभाजन होने लगा। धीरे-धीरे चेतना केन्द्रित होने लगी। रचना आरम्भ हो गयी। गति पकड़ते ही मल्लिनाग डूबते गये। जैसे नृत्यांगना ताल और सुर के साथ अंग-संचालन का समन्वय करते हुए बिम्बों की आत्मा में डूबती जाती है। उनकी समय चेतना धुँधली पड़ती गयी। देह थक कर क्लान्त हो जाती तो अपने-आप मुँद जातीं आँखें। कभी वैचारिक अन्धी गली में फँस जाते, तो मौन के घने वन में विचरण करने लगते।

(मल्लिनाग मोटी पांडुलिपि कपड़े के आवरण में रखता है)

सूत्रधार : कभी विषय का विश्लेषण करते हुए कोई पुराना आसंग याद आ जाता। जिस प्रेमिका के माध्यम से वह अनुभव पाया था, उसको नमन करते जाते। भावना-उदारता का दृश्य यह था कि श्रीवल्लरी और लवंगलता को भी आभार देने से चूके नहीं।

(मल्लिनाग निढाल बैठा है—आत्मलीन। सन्दीपन व्यग्रता से आता है। पांडुलिपि देखता है, मोहाविष्ट हो जाता है, रोबो की तरह पांडुलिपि पर नजर लगाए पास आता है, रुकता है, पांडुलिपि को हाथ बढ़ाता है, मल्लिनाग उसका हाथ झटक देता है)

सन्दीपन : कुछ संशोधन-परिवर्धन करना है?

(मल्लिनाग नाहीं में सिर हिलाता है)

सन्दीपन : कितने पृष्ठ हैं?

मल्लिनाग : आठ सौ पैंतीस और सौ से ऊपर रेखाचित्र—

सन्दीपन : *(खिल कर हाथ जोड़ता है)* जय हो अक्षरशत्रु! परमहंस प्रकाशन के इतिहास में आज का दिन ऐतिहासिक हो गया!

(सन्दीपन फिर पांडुलिपि की ओर हाथ बढ़ाता है, मल्लिनाग उसका हाथ फिर झटक देता है)

मल्लिनाग : अग्रिम चाहिए।

सन्दीपन : *(को तीखा आघात लगता है)* दिया तो था अग्रिम!

मल्लिनाग : तीन मुद्राएँ आज की महँगाई में कितने दिन चलती हैं?

सन्दीपन : महँगाई के लिए मैं उत्तरदायी हूँ?

(मल्लिनाग निर्लिप्त भाव से सामने देख रहा है, जैसे वहाँ उसके अलावा कोई नहीं)

सन्दीपन : त्रियाहठ, बालहठ, और राजहठ के साथ लेखकहठ भी होता है, यह तुम्हीं से मालूम हुआ। *(बढ़ाते हुए)* लो, दो हैं।

मल्लिनाग : दो के आगे दो शून्य लगाओ कम-से-कम...

सन्दीपन : *(विस्फोट कर देता है)* दो शून्य? मानसिक सन्निपात चाहते हो मेरा? पागलागार में मुझे भेज कर ही मानोगे? कौन-सी मनहूस घड़ी थी, जब तुम्हारे साथ बात पक्की की थी। पता है, मोटे ग्रन्थ के प्रकाशन में खटिया खड़ी हो जाती है! शीशम के दस उत्तम भोजपत्रों का मूल्य जानते हो? पैंतीस रजत मुद्राएँ। टिकाऊ रंगीन मसि की एक गगरी ग्यारह रजत मुद्राओं में आती है। पैनी लेखनी दिन में पाँच तोड़ता है एक सुलेखक। पच्चीस सुलेखकों ने कितनी तोड़ी दिन में? हिसाब लगाओ। और सुलेखक गर्दभ सबके सब ऐसे व्यवहार करते हैं, जैसे अपनी ससुराल से दुल्हिन को विदा कराने आये हों! जो जितना अच्छा काम करता है, उसके नखरे उतने ही अधिक! एक-एक पहर बाद किसी को ठंडाई चाहिए, किसी को अल्पाहार के साथ गर्मायी—उसके बाद भी भूलें सब करते हैं। फिर संशोधक को भी झेलो। उसने बोल दिया, प्रति पृष्ठ में दस बड़ी भूलों का औसत निकला। डालो उसके मुँह में सौ पृष्ठों पर सौ मुद्राएँ—अब तुम भूलें गिनने तो बैठोगे नहीं। और बैठोगे तो वह रूठी प्रेमिका की तरह फिर मुखड़ा नहीं दिखाने वाला— *(पांडुलिपि की ओर संकेत के साथ)* जब

इसका लोकार्पण होगा, तो मेरी वही दुर्दशा हो चुकी होगी, जो एक साथ चार कन्याओं का ब्याह सम्पन्न कर चुके अभागे बाप की होती है।

मल्लिनाग : *(बनावटी दुःख से अपने सिर पर चपत लगाता है)* छीः छीः, तुम्हारे ऊपर यह पांडुलिपि थोप कर कितना अत्याचार कर रह हूँ! विशालहृदय होने के नाते तुम ना नहीं कह पाए और मैं ऐसा नराधम निकला कि तुमसे तीन मुद्राओं का अग्रिम भी झटक लिया! सारी लाज को शिकंजी समझ कर पीने वाला मेरे जैसा मोटी खाल का निर्लज्ज दिया लेकर ढूँढ़ने से भी नहीं मिलेगा...

(हथेलियों में मुँह छिपा कर विलाप करता है)

सन्दीपन : ऐसा मत कहो...

मल्लिनाग : अभी धरती फटे तो मैं उसमें समाने के लिए तत्पर हूँ...

सन्दीपन : नहीं मेरे सखा, सहमार्गी, बन्धु! तुम्हारे वियोग की कल्पना से ही तड़प उठता हूँ मैं!

मल्लिनाग : *(नकली भोलेपन से)* अब मैं तुम्हें और यातना नहीं दूँगा, यह पांडुलिपि चैतन्य प्रकाशन को देता हूँ, उनसे बड़ा अग्रिम लेता हूँ और तुम्हारा अग्रिम ब्याज के साथ वापस करता हूँ।

सन्दीपन : *(को तीखा आघात लगता है)* मत बोलो ऐसे पाप के बोल...

मल्लिनाग : लेकिन मैं नहीं चाहता कि तुमको हानि हो।

सन्दीपन : मैंने प्रकाशन-कार्यक्रम में इसकी घोषणा कर दी है।

मल्लिनाग : कार्यक्रम बदलता रहता है।

सन्दीपन : तुम्हारे मस्तिष्क में भूसा भरा है क्या? तुम मुझे तीन की जगह तीस मुद्राएँ दे दोगे, तो मैं नया रथ मोल ले लूँगा!

मल्लिनाग : *(बड़ी मुस्कान से)* पर मेरा तो कल्याण हो जाएगा। वह मुझे बड़ी प्रसन्नता से पन्द्रह प्रतिशत शुल्क दे देंगे।

सन्दीपन : फिर मेरे साथ सौदा क्यों किया?

मल्लिनाग : (कुटिल मुस्कान के साथ) तब मुझे अपने ऊपर विश्वास नहीं था कि यह काम कर सकता है।

सन्दीपन : अपने वचन से मुकर रहे हो?

मल्लिनाग : मैंने कहा था कि रघुवंशी हूँ?

सन्दीपन : मैं सारे नगर में तुम्हारी बेईमानी का ढिंढोरा पीट दूँगा।

मल्लिनाग : तुमको ढोल मैं देता हूँ।

(पांडुलिपि उठा कर जाने लगता है। सन्दीपन पीछे आता है)

सन्दीपन : मैं तुमको पानी पी-पीकर कोसूँगा।

मल्लिनाग : चाहे पानी पीकर कोसो, चाहे प्यासे—मेरी मूँछ का बाल भी बाँका नहीं होने वाला!

सन्दीपन : अगले जन्म में तुम गुबरैला कीड़ा बनकर गधे के खुरों के नीचे कुचल कर मरोगे।

मल्लिनाग : उससे पहले तुम्हें काटूँगा।

सन्दीपन : कपटी छलिया निर्मोही! *(थैली निकालता है)* यह लो—

(मल्लिनाग रुकता है, मुड़ कर नहीं देखता)

सन्दीपन : पच्चीस स्वर्ण मुद्राएँ!

(मल्लिनाग मुड़ कर देखता है, सन्दीपन थैली से कुछ मुद्राएँ निकाल कर दिखाता है)

सन्दीपन : तुम्हारी छत्तीस पीढ़ियों ने भी नहीं देखी होंगी एक साथ—दे दो पांडुलिपि।

मल्लिनाग : पहले तुम मुद्राएँ दो।

सन्दीपन : मुझ पर इतना विश्वास नहीं?

मल्लिनाग : हँसने के लिए विवश मत करो।

(सन्दीपन थैली देता है, फिर मल्लिनाग पांडुलिपि। दोनों तीखी दृष्टि से एक-दूसरे को देखते हैं। यहाँ अन्धकार के साथ दूसरी जगह प्रकाश होता है। नदी का किनारा, सन्ध्या। लहरों के थपेड़ों की ध्वनि सुनते हुए आकर्षक युवती मेघाम्बरा विचारों में लीन है। गीत के बीच मल्लिनाग का प्रवेश। मेघाम्बरा को देख लेता है; अपने विचारों में डूबा है)

गायकवृन्द : दिवस का अवसान समीप था/गगन था कुछ लोहित हो चला
अंगराग की गन्ध धार-सी चीरती/अनायास ही मन यों मोहित हो चला
तरु-शिखा पर थी राजती/कमलिनि-कुल-वल्लभ की प्रभा
हर पल में क्यों सम्भावित/अनजान हर्ष की मंजु विभा

मेघाम्बरा : अगर मेरे सम्बोधन से व्यक्ति क्षेत्र का अधिक संक्रमण न होता हो, तो अभिवादन स्वीकार करें एकान्त-प्रेमी!

मल्लिनाग : अवश्य संवाद-चतुर! ऐसी विनयशीलता आज के आक्रामक युवती समाज में दिखाई कहाँ देती है!

मेघाम्बरा : अपने समाज के असंवेदनशील नमूनों से युवक हृदय को ठेस

पहुँच चुकी है, इसलिए क्षमायाचना के सिवा मेरे पास और क्या विकल्प बचता है?

मल्लिनाग : नम्रता-प्रतिमा, जैसे ही याद आया कि आज भोर किसका मुँह देखा था, उसके घर तुरन्त अर्चन करने जाऊँगा दिवस-सार्थकता-प्रदानवती!

मेघाम्बरा : तो पहले यही विवाद सुलझाना होगा कि किसने किसका दिवस सार्थक किया है!

मल्लिनाग : रसमंजरी, तुम्हारे माता-पिता सचमुच तुम पर बहुआयामी गर्व कर सकते हैं।

मेघाम्बरा : *(गम्भीर हो जाती है)* उनमें से एक पर तो मैं गर्व करती हूँ, पर दूसरे में ऐसी पात्रता है या नहीं, यह जानने के लिए ही तो यहाँ आयी हूँ।

मल्लिनाग : मैं समझा नहीं कोकिल-सहोदरा!

मेघाम्बरा : मेरी समस्या का सम्बन्ध महामहिम कौटिल्य से है।

(मल्लिनाग चौंकता है)

मेघाम्बरा : मैं यह मान कर चल रही हूँ कि अब जो मैं कहूँगी, वह तुम तक ही सीमित रहेगा।

मल्लिनाग : हम जीवन में पहली बार मिल रहे हैं और तुम मेरे ऊपर इतना बड़ा बोझ डालना चाहती हो? क्षमा करो, मेरी अपनी ही घनघोर समस्याएँ हैं।

(जाने लगता है। मेघाम्बरा रोकती है)

मेघाम्बरा : क्योंकि स्वार्थ के बिना तुम उँगली भी नहीं हिलाते, इसलिए तुमको मैं न केवल पारिश्रमिक दूँगी, बल्कि जीवन भर तुम्हारा उपकार-बोझ भी कृतज्ञता से उठाऊँगी।

मल्लिनाग : *(सतर्क होता है)* आर्य कौटिल्य ने सत्ता से सम्बन्ध तोड़ रखा है। वह किसी के लिए कुछ नहीं करते।

मेघाम्बरा : मुझे जो चाहिए, उसका सत्ता से कुछ लेना-देना नहीं।

मल्लिनाग : तब फिर किससे है?

मेघाम्बरा : भावना से।

(मल्लिनाग हँसता है)

मल्लिनाग : आर्य कौटिल्य और भावना? तुम कौन-से नगर को अपने वियोग से व्याकुल छोड़कर आयी हो? आर्य कौटिल्य के बारे में कुछ नहीं जानतीं? वह स्वयं कहते हैं कि मेरे वक्ष में पाषाण खंड

है, उसने केवल एक भावना जानी है—प्रतिशोध!

मेघाम्बरा : इसी की परीक्षा तो लेनी है मुझे।

मल्लिनाग : आर्य कौटिल्य की परीक्षा? तुम्हारे दुस्साहस को क्या नाम दूँ?

मेघाम्बरा : जो चाहो।

मल्लिनाग : मुझे क्या करना होगा?

मेघाम्बरा : नन्द साम्राज्य से संघर्ष के बीच कुछ बहुत दुर्भाग्यपूर्ण घटा था, आर्य कौटिल्य को प्रेम हो गया था।

मल्लिनाग : *(स्तब्ध रह जाता है)* क्या?

मेघाम्बरा : या इस तरह कहना चाहिए कि एक युवती का भाग्य फूटा था, उसे यह भ्रम हो गया था कि आर्य कौटिल्य ने उसके प्रेम का उत्तर दिया है।

मल्लिनाग : प्रागैतिहासिक काल की बात है। अब यह जान कर क्या करना है तुम्हें? वह प्रेमिका अभी संसार में है?

मेघाम्बरा : नहीं।

मल्लिनाग : तब फिर छोड़ो। गड़े हुए शव उखाड़ने से क्या मिलेगा!

मेघाम्बरा : मन की शान्ति।

मल्लिनाग : किसको?

मेघाम्बरा : उस प्रेमिका की सन्तान को।

मल्लिनाग : *(बहुत तनाव से)* तुम जानती हो कि क्या कह रही हो?

मेघाम्बरा : अगर तुम मदिरा से उन्मत्त नहीं, तो तुमने सही सुना है।

मल्लिनाग : आर्य कौटिल्य की सन्तान को यह शान्ति चाहिए?

मेघांबरा : हाँ।

मल्लिनाग : यह 'सरित्सागर' की कथा है।

मेघाम्बरा : मेरे पास प्रमाण है।

मल्लिनाग : कहाँ से मिला?

मेघाम्बरा : उस युवती से।

मल्लिनाग : उससे तुम्हारा क्या सम्बन्ध?

मेघाम्बरा : उनकी अभागी सन्तान हूँ।

(मल्लिनाग सन्न रह जाता है)

मल्लिनाग : आर्य कौटिल्य को अपनी इस तथाकथित सन्तान की जानकारी है?

मेघाम्बरा : नहीं।

मल्लिनाग : क्यों?

मेघाम्बरा : दो प्रेमियों के बीच जो होता है, उसका पता क्या ब्रह्मा भी लगा सकते हैं?

(विराम)

मल्लिनाग : इसमें मेरी क्या भूमिका है?

मेघाम्बरा : क्या आर्य कौटिल्य ने तुमसे अपने प्रेम का उल्लेख किया है?

मल्लिनाग : उससे तुम्हें क्या अन्तर पड़ने वाला है?

मेघाम्बरा : अगर वह उसे अपनी लक्ष्य-प्राप्ति का माध्यम जानकर भूल चुके हैं, तो मैं भी अपनी माँ की तरह सन्तप्त रहते हुए मरूँगी, लेकिन अगर वह उनकी स्मृति में कहीं चुभता है, तो मैं उन्हें वास्तविकता बताना चाहती हूँ।

मल्लिनाग : तुम कहाँ से आयी हो?

मेघाम्बरा : देश-देशान्तर से।

मल्लिनाग : परिवार में और कौन है?

मेघाम्बरा : संसार में अकेली हूँ।

मल्लिनाग : ठिकाना कहाँ है?

मेघाम्बरा : शरणागत धर्मशाला में। सस्ती-सी कोठरी ढूँढ़ रही हूँ।

मल्लिनाग : एक सहस्र स्वर्ण मुद्राओं का पारिश्रमिक लूँगा।

मेघाम्बरा : जीवन में कभी देखी नहीं।

मल्लिनाग : *(रुखाई से)* तुमने जीवन में बहुत कुछ नहीं देखा। इसके लिए उत्तरदायी मैं नहीं।

(जाने लगता है)

मेघाम्बरा : मेरा लक्ष्य पूरा होगा?

मल्लिनाग : *(ठिठकता है)* हाँ।

मेघाम्बरा : एक स्वर्ण मुद्रा अग्रिम ले लो, कुल मिलाकर पच्चीस दूँगी। पवन उद्योग में काम करती हूँ। हर मास सौ रजत मुद्राएँ दूँगी।

मल्लिनाग : परिधान तो मूल्यवान पहन रखा है।

मेघाम्बरा : जलपोत में आते हुए चिकित्सा परिचारिका का काम किया था। परिधान वहीं से मिला था।

मल्लिनाग : वेतन कितना है?

मेघाम्बरा : आठ स्वर्ण मुद्राएँ।

मल्लिनाग : मेरा भुगतान कैसे कर पाओगी?

मेघाम्बरा : वचन-पत्र देती हूँ—पवन उद्योग स्वामी के हस्ताक्षर के साथ। मेरे वेतन से काट कर तुम्हारे पास भेज दिया करेंगे हर मास।

तीन वर्ष में भरपाई हो जाएगी।

मल्लिनाग : इतने छोटे आँकड़े के लिए इतनी लम्बी प्रतीक्षा का कोई तर्क नहीं।

मेघाम्बरा : तुम्हारा समय नष्ट किया। क्षमा करो।
(जाने लगती है। कुछ पल मल्लिनाग देखता है)

मल्लिनाग : रुको।
(मल्लिनाग पास आ हाथ बढ़ाता है, मेघाम्बरा एक मुद्रा देती है)

मल्लिनाग : आर्य कौटिल्य के हृदय में एक काँटा है अवश्य। प्रेम पर सामान्य बात करते हुए उन्होंने जो टिप्पणियाँ की हैं, वे ऊपर से सामान्य लगती हैं, पर भीतर घनी पीड़ा स्पन्दित होती है। मैं तभी चौंका था, क्योंकि उनमें स्पष्ट रूप से भावना का तीखा आलोड़न छिपा हुआ था।

मेघाम्बरा : मुझे उनसे किसी तरह परिचय चाहिए।

मल्लिनाग : 'नारी सौन्दर्य केन्द्र' का नाम सुना है?
(मेघाम्बरा सहमति में सिर हिलाती है)

मेघाम्बरा : उनका यह आयोजन हो रहा है...
(मेघाम्बरा चौंक जाती है)

मल्लिनाग : तुम उसमें भाग लो।

मेघाम्बरा : मैं? मुझमें ऐसा कोई गुण नहीं।

मल्लिनाग : भाग तो लो। पहली ही पारी में बाहर कर दी जाओगी। बस—इससे अधिक बुरा तो नहीं होगा। आर्य कौटिल्य तुम्हें देख लेंगे वहाँ।

मेघाम्बरा : सबकी दृष्टियों का केन्द्र बनने का अभ्यास नहीं है मुझे।

मल्लिनाग : मेरा अनुरोध मान लो, सम्भवत: पछताने की आवश्यकता न पड़े।

मेघाम्बरा : ऐसा हो सकता है?

मल्लिनाग : सम्भावनाओं से भरा है जीवन—
(हामी में सिर हिलाती है, जाने लगती है)

मल्लिनाग : *(सहसा पुकारता है)* सुनो—
(मेघाम्बरा ठिठकती है, मुड़कर देखती है, मल्लिनाग तेजी से पास आता है)

मल्लिनाग : *(उसकी हथेली खोल कर स्वर्णमुद्रा रख देता है)* यह रखो।

मेघाम्बरा : *(उसे उलझन से देखती है)* हमारे अनुबन्ध का भुगतान है। वचन-पत्र भी कल लाकर दूँगी, कोई चूक नहीं होगी, विश्वास रखो।

मल्लिनाग : *(गम्भीर है)* पहले काम तो होने दो।

(मुद्रा देकर जाता है, मेघाम्बरा उसकी दिशा में देख रही है। अन्धकार, मध्यान्तर)

सतत : 2

(प्रकाश। मकरन्द तेजी से जा रहा है, सन्दीपन का प्रवेश)

सन्दीपन : *(पुकार लगाता है)* मकरन्दजी!

(मकरन्द रुकता है)

सन्दीपन : कब आये?

मकरन्द : अभी-अभी, आपके ही घर भागा जा रहा हूँ।

सन्दीपन : *(आशा से)* मेरी डाक-पेटी मिली? शीघ्रसेवा से भेजी थी।

मकरन्द : *(आवेग से)* उसके मिलते ही आया हूँ, प्रभंजन के वेग से आया हूँ। केवल आपके लिए आया हूँ।

सन्दीपन : *(आशंकित हो जाता है)* क्या हुआ?

मकरन्द : *(परम चकित हो)* आपको नहीं पता कि क्या हुआ?

सन्दीपन : कुशल तो है?

मकरन्द : आपके जीवन में क्रान्ति आ गयी! *(ऊपर की ओर इशारे के साथ)* आप वहाँ पहुँचने वाले हैं—यानी प्रकाशन जगत में आपका स्थान और आपके पीछे-पीछे मैं, पूर्वी महादेश का सबसे बड़ा पुस्तक विक्रेता—

(सन्दीपन सनाका खा गया है)

मकरन्द : 'कामसूत्र' की अग्रिम प्रति मिलते ही मैं सनसना गया। दो-चार जगह टोह ली, तुरन्त स्पष्ट हो गया कि सोने की खान हाथ लग गयी हमारे! मुझे पचास सहस्र प्रतियाँ अभी चाहिए—तुरन्त, तत्काल, अविलम्ब, अपने साथ लेकर जाऊँगा। और पचास सहस्र आप ठीक एक मास बाद तत्काल सेवा से भेजेंगे—मार्ग व्यय मेरा। दूसरे लोग आपको एक बरस बाद भुगतान करते हैं। मैं अभी देता हूँ—

(हाथ की बड़ी थैली बढ़ाता है। सन्दीपन आतंकित देख

रहा है)

मकरन्द : अब अपनी चेतना को एकाग्र करके सुनिए। एक लाख प्रतियों का उपहार संस्करण निकालिए। मैं पूरा ले रहा हूँ—उसका अलग से अग्रिम भुगतान—

(फिर बड़ी थैली बढ़ाता है। सन्दीपन आतंकित देख रहा है)

मकरन्द : तुम भी सनसना गये?

(सन्दीपन थैली ले लेता है)

सन्दीपन : एक लाख प्रतियों का आप करेंगे क्या?

मकरन्द : कामोत्सव आ रहा है न! मैंने धुआँधार विज्ञापन दे दिये हैं—प्रेमी दिवस पर अपने-अपने प्रेमी को उपहार देने के लिए सबसे उपयुक्त क्या है? 'कामसूत्र'! धड़ाधड़ आदेश आ रहे हैं। अब मैं आपको एक परामर्श देकर कृतज्ञ करूँ? एक संक्षिप्त संस्करण निकालिए। ऐसे बिकेगा, जैसे होलिका पर रंग और दीपावली पर दीप बिकते हैं।

(सन्दीपन प्रसन्न हो हामी में सिर हिलाता है)

मकरन्द : हर महाविद्यालय और हर विश्वविद्यालय के मुख्य द्वार पर हमारी बिक्री प्रतिनिधि रहेगी—बैलगाड़ियों में प्रतियाँ भरे। और अगर मैं बिक्री का क ख ग भी जानता हूँ, तो एक पहर में एक मालगाड़ी रिक्त हो जाया करेगी।

सन्दीपन : विश्वविद्यालय वाले आपत्ति नहीं करेंगे?

मकरन्द : मैं तीन कुलपतियों को 'कामसूत्र' दिखा कर उनकी अनुमति ले चुका हूँ। तीनों ने ग्रन्थ-विज्ञापन को अपने सूचना-पटल पर लगवा दिया है।

सन्दीपन : *(आतंकित भाव से)* हे प्रभु!

मकरन्द : अब मैं आपको एक व्यावसायिक प्रस्ताव देकर आभारी बनाऊँ?

सन्दीपन : *(खिल उठा है)* आज तो आप मुझे जीवन भर के लिए मोल लेकर ही छोड़ेंगे।

मकरन्द : आपके कोटिपति बनने में तो अब कोई सन्देह है नहीं। बात केवल समय की है। अब आप मेरी आँखों में आँखें डाल कर देखिए और बताइए, आपको शीघ्रमार्ग से केवल एक वर्ष में कोटिपति बनना है?

(सन्दीपन इतना विभोर हो जाता है कि बोल नहीं सकता, केवल रुँआसे भाव से हामी में सिर हिलाता है। मकरन्द अभी

तक एक बार भी नहीं मुस्कुराया)

मकरन्द : यहाँ से आप बार-बार प्रतियाँ भेजेंगे, ढेर सारा मार्ग-व्यय और हर खेप में छै मास का समय लगेगा। आप सीधे पूर्वी महादेश का अधिकृत विक्रेता बना दीजिए मुझे! मानक प्रति के आधार पर हर मास बड़ा संस्करण निकालूँगा और आपको हर मास सौ लक्ष स्वर्ण मुद्राओं का शुल्क दूँगा। परमहंस प्रकाशन का ही ग्रन्थ-पुष्प होगा। मैं केवल वितरक रहूँगा। स्वीकार है?

(दूसरी ओर से मल्लिनाग सन्दीपन को पुकारता हुआ आता है। उसे देखकर सन्दीपन सतर्क हो जाता है, उत्तर नहीं देता)

मल्लिनाग : *(पुकारते हुए पास आता है)* अरे सन्दीपनजी, सुनाई नहीं देता? पांडुलिपि पाने के बाद लेखक को पहचानते नहीं?

सन्दीपन : *(धीमे सुर में मकरन्द से)* आप मेरे घर चलिए। मैं पीछे-पीछे आया।

(मकरन्द हामी में सिर हिला कर जाने लगता है। सन्दीपन तुरन्त मल्लिनाग की ओर बढ़ रहा है)

मल्लिनाग : यह कौन-से सज्जन हैं?

(मकरन्द की ओर बढ़ता है; सन्दीपन उसे रोकता है)

सन्दीपन : *(रूखे स्वर में)* अपने काम से काम रखो।

मल्लिनाग : मुझे लगता है ये मेरे बड़े काम के हैं।

सन्दीपन : *(चलने लगता है)* बहुत व्यस्त हूँ मैं!

(मल्लिनाग उसे पकड़ लेता है)

मल्लिनाग : ये हैं कौन?

सन्दीपन : *(कुढ़ कर)* साहूकार हैं। अपनी उधारी माँगने आये थे।

मल्लिनाग : तुम्हारे ऊपर सबका पैसा निकलता है? तुम्हारा पैसा किसी के ऊपर नहीं निकलता?

सन्दीपन : जो तुम्हारा प्रकाशक हो, उसका भाग्य और क्या होगा!

मल्लिनाग : *(मकरन्द से)* अरे सुनिए श्रीमान—

(सन्दीपन घबरा कर जैसे ही मल्लिनाग का मुँह बन्द करता है, मकरन्द मुड़ कर देखता है, सन्दीपन मकरन्द को जाने का संकेत करता है, मकरन्द चला जाता है, मल्लिनाग अपने को छुड़ा लेता है)

मल्लिनाग : मेरे ग्रन्थ की अग्रिम बिक्री कितनी हो गयी?

सन्दीपन : *(माथे पर दुहत्तड़ मारते हुए)* मेरी मति मारी गयी थी—कि दुर्भाग्य की बिजली मेरे ऊपर टूटने का बहाना ढूँढ़ रही थी—कि प्रभु अक्षर-शत्रु की भौंहें अपने आराधक पर ही टेढ़ी हो गयी थीं...

मल्लिनाग : नयी-नवेली विधवा की तरह विलाप क्यों कर रहे हैं?

सन्दीपन : सधवा का आलाप कैसे करूँ?

मल्लिनाग : क्या हुआ?

सन्दीपन : परमहंस प्रकाशन पर ताला पड़ने की नौबत आ गयी। कौन-सी काली घड़ी में यह मनहूस काम हाथ में लिया था? यह 'कामसूत्र' है कि मेरा वामसूत्र है?

मल्लिनाग : अग्रिम बिक्री के बारे में कुछ नहीं बोलोगे?

सन्दीपन : क्यों मेरा लहू जला रहे हो? कोई अग्रिम-फग्रिम नहीं। तुम्हारा ग्रन्थ मेरी लुटिया डुबोने को उतारू है। *(भारी बोझ-तले दबकर चलने की मुद्रा में आते हुए)* अभी पच्चीस सुलेखकों के भुगतान के बोझ से दबा हुआ चल रहा हूँ।

मल्लिनाग : कितनी सहस्र प्रतियाँ नगर के बाहर भेजी जा चुकी हैं?

सन्दीपन : अभी एक भी प्रति सम्पूर्ण नहीं हुई।

मल्लिनाग : क्या कह रहे हैं?

सन्दीपन : मानक ग्रन्थ में वर्तनी की भूल अक्षम्य होती है। राजधानी के सभी कुशल सुलेखकों को लिया था—हर प्रति पर पाँच स्वर्ण मुद्राओं के अधिक भुगतान की दर पर। प्रारम्भ से ही घाटे में चल रहा हूँ। समझे?

मल्लिनाग : इतनी महँगी दर पर सुलेखकों को लिया क्यों?

सन्दीपन : सस्ते को लिया था पहले, उसने रति को कर दिया मति, मदन-मन्दिर को कर दिया सदन-मन्दिर और चंडवेग समझ में नहीं आया, सो उसे कर दिया दंडवेग।

मल्लिनाग : *(आतंकित हो)* हे ईश्वर—

सन्दीपन : सिद्धहस्त सुलेखक प्रकाशन का सितारा माना जाता है। वह प्रतिलिपि विज्ञान का आधारभूत सिद्धान्त जानता है कि मूल पाठ का अर्थ समझने का प्रयास कभी मत करो, मूल पाठ को ऋग्वेद समझो—श्रद्धा का अधिकारी, और चुपचाप उसकी प्रतिलिपि उतारते चलो। इसलिए वह कठिन शब्द में अपना मस्तिष्क घुसेड़ते हुए उसे सरल शब्द से नहीं बदलता, वाक्य-विन्यास की त्रुटि

नहीं करता, और उसकी गति भी वायुगन्धा घोड़े से कम नहीं होती। एक दिन में सौ पृष्ठ सुगमता से खींच देता है। तुम यह जानते हो कि दो चोटी के प्रकाशक उसे तुमसे हथियाने के लिए लालायित हैं, और तुम काँपते मन से उस भोर के लिए आशंकित रहते हो, जब तुम उसके लिए पलक-पाँवड़े बिछाए रहोगे और वह रूठे हुए प्रेमी की तरह मुख-कमल दिखाएगा ही नहीं। आगे बताऊँ कि तुम्हारे ग्रन्थ के प्रकाशन में मैं कैसी यन्त्रणा-यात्रा कर रहा हूँ?

मल्लिनाग : पहले तुम मेरी यन्त्रणा-यात्रा की एक झलक भी देख लो। तुम करते क्या हो? सुलेखक का पारिश्रमिक, चाहे वह पूरे दिन के हिसाब से हो या एक प्रति के हिसाब से, रोकने का कोई प्रश्न ही नहीं। भोजपत्र का मूल्य? तुम्हें देना ही होगा, अन्यथा वह पूरे प्रकाशन-जगत में पंक-प्रचार करेगा— *(उसकी नकल करते हुए)* बड़ा नीच है सन्दीपन! दस बंडल लेता है, तो ग्यारहवाँ उपहारी माँगता है, और फिर भी तीन मास तो छोड़ो, तीस के बाद भी भुगतान नहीं करता। *(सामान्य सुर में)* रंग-बिरंगी मसि का मूल्य? देना ही होगा, अन्यथा वह सूर्योदय के साथ ही ड्योढ़ी पर प्रकट हो जाएगा और इतना ऊँचा बोलेगा कि पूरा मुहल्ला सुन ले! *(उसकी नकल में व्यंग भाव से)* गगरी भर शुद्ध दूध का सेवन कर रहे हैं सन्दीपनजी? आहा हा, क्या लीला है आपकी! चित्त प्रसन्न हो गया। पचास मुद्राओं का हमारा भुगतान नहीं करते और अपनी मांसपेशियाँ बराबर बढ़ाए जाते हैं! *(उसकी नकल में क्रोध से)* मैं अपने बाप की सन्तान नहीं, अगर आपकी पछाहीं गाय आज खूँटे से खोलकर न ले जाऊँ तो— *(सामान्य सुर में)* अब आती हैं भाँति-भाँति की लेखनी और तूलिकाएँ— कारीगर को भुगतान नहीं दिया, तो पुराना मल्ल-कुशल और अटपटा तुक्कड़ बीच चौराहे पर तुम्हारा उत्तरीय पकड़ लेगा— *(उसकी नकल करते हुए लय के साथ)* नरनीच, नराधम, नरपिशाच/सब सुनें तूलिकी का उवाच/कितने वृक्षों पर खोज-खोज/कितनी शाखाएँ काटी हैं/मोटी, पतली, सीधी, टेढ़ी/ ज्यों मूर्तिकार प्रतिमा गढ़ता/मैंने वैसे ही छाँटी हैं/ *(आवेग से)* मैं गिरा किया/मैं छिला किया/मैं मूर्ति बना/मैं हिला किया/

सँकरा है तेरा गुहा-द्वार/उसका विस्तार करूँगा मैं— *(विलाप के सुर में)* अब कौन बचा? पांडुलिपि लेखक, क्योंकि वह पंक-प्रचार नहीं कर सकता, प्रकाशक का उत्तरीय नहीं पकड़ सकता, और प्रकाशक के किसी भी देह-द्वार के विस्तार की सामर्थ्य भी उसके पास नहीं।

सन्दीपन : *(तनाव से)* तो कर लो विस्तार—यह अभिलाषा लिए संसार मत छोड़ो!

मल्लिनाग : करूँगा सन्दीपन, छोड़ूँगा नहीं।

(जाता है। फिर सन्दीपन भी। दूसरी जगह प्रकाश होता है, जहाँ मंच पर निर्णायक मंडल है— कौटिल्य, मंजुलसेना, और सोमदत्त, पीछे आर्यावर्त सुन्दरी का ध्वजालेख लगा है)

सूत्रधार : *(बड़ी मुस्कान से)* देवियो और सज्जनो, नारी सौन्दर्य केन्द्र की ओर से मैं आप सबका स्वागत करता हूँ। *(संकेत के साथ)* नैन-विशेषज्ञ, कटि-विशेषज्ञ, उरोज-विशेषज्ञ, और नितम्ब-विशेषज्ञ अपना निर्णय दे चुके हैं। तो जीवनप्रेमियो, अब हम आर्यावर्त सुन्दरी प्रतियोगिता की अन्तिम पारी के निर्णायक मोड़ पर पहुँच गये हैं। स्वागत कीजिए हमारे प्रतियोगियों का—

(संगीत-रागिनी के साथ तीन युवतियाँ एक-एक करके— अन्तिम मेघाम्बरा-प्रतिमान की अदाओं व मुद्राओं के साथ प्रवेश करती हैं और मंच का एक-एक चक्कर लगाते हुए अपनी-अपनी जगह ले लेती हैं)

सूत्रधार : ललितकला कुशलता पारी की विजेता क्रमांक 4—

(युवती, जिसके वक्ष पर क्रमांक 4 की पट्टी और नाम चारुश्री लिखा है, आगे आकर अभिवादन में तनिक झुकती है)

सूत्रधार : मधुर मुस्कान और रसीली चितवन पारी की विजेता क्रमांक 2— *(युवती, जिसके वक्ष पर क्रमांक 2 की पट्टी और नाम दामिनी लिखा है, आगे आकर अभिवादन में तनिक झुकती है)*

सूत्रधार : धीरगम्भीर कमनीयता के साथ ज्ञानवती सम्भाषण प्रवीणा पारी की विजेता क्रमांक 7—

(युवती, जिसके वक्ष पर क्रमांक 7 की पट्टी और नाम मेघाम्बरा लिखा है, आगे आकर अभिवादन में तनिक झुकती है। मल्लिनाग

उसे देखकर चकित और प्रसन्न हो जाता है)

सूत्रधार : निर्णायक मंडल के अध्यक्ष महामहिम आर्य कौटिल्य, नगरवधू मंजुलसेना, और श्रेष्ठीप्रमुख आर्य सोमदत्त—

(अपना नाम आने पर तीनों दर्शकों को मुस्कान देते हैं)

सूत्रधार : आप महानुभावों ने क्रमांक 4 और क्रमांक 2 प्रतियोगियों से प्रश्न पूछ लिये हैं। धड़कते हृदय पर हाथ रख कर बैठिए जीवन प्रेमियो, अब बारी है क्रमांक 7 की—आप प्रस्तुत हैं सुमुखि?

मेघाम्बरा : *(हल्की मुस्कान से)* हाँ श्रीमान!

सोमदत्त : *(मेघाम्बरा से)* सौम्या, इन्द्रनीलमणि की विशेषता क्या है?

मेघाम्बरा : काले मेघ—जैसी इस मध्यम कोटि की मणि को दूध में डालने पर दूध का रंग काला पड़ जाता है। यह मणि शनिग्रह को प्रिय है। इससे शनिदोष शान्त हो जाता है।

(सोमदत्त मुस्कान से सहमति में सिर हिलाता है)

सोमदत्त : उच्चैःश्रवा क्या है?

मेघाम्बरा : समुद्र-स्थान से निकला श्वेत रंग का सात मुँहवाला घोड़ा, जिसके कान सदा खड़े रहते हैं और जो बड़े गम्भीर ढंग से हिनहिनाता है। यह घोड़ा इन्द्र को दे दिया गया था।

मंजुलसेना : आज के समय में आप स्त्री की भूमिका कैसे परिभाषित करेंगी?

मेघाम्बरा : उसे बेटी, बहन, प्रेमिका, पत्नी, और माँ बनने के साथ अपनी निजी पहचान चाहिए। तभी वह समाज की स्वायत्त इकाई बनकर अपने व्यक्तित्व का विकास कर पाएगी।

मंजुलसेना : सौन्दर्य प्रतियोगिता की क्या सार्थकता है?

मेघाम्बरा : वह गुणात्मक ढंग से आज की युवती को परिभाषित करती है। आज की युवती वह है, जो अपने प्रियजनों की चिन्ता और उनके साथ अपना अँधेरा-उजाला बाँटने जैसे उन मूल्यों को प्राथमिकता देती है, जो सार्वभौमिक और सार्वकालिक हैं, आज जो सुन्दरी चुनी जाएगी, वह हमारी संस्कृति के सार और सुगन्धि का प्रतीक होगी। हम जिस मूल्यहीन समय में जी रहे हैं, जिसमें कोई विश्वास या आस्था नहीं रही, जहाँ मान्यता के नाम पर केवल शून्य बचा है, सौन्दर्य प्रतियोगिता उस रिक्ति को भरने का सकारात्मक प्रयास है।

सूत्रधार : सुन्दर उत्तर—हाँ तो जीवनानन्द-सन्धानियो, अब हम अगले

सोपान पर चलते हैं—

(अचानक वियोगी के साथ उसका झुंड नारे लगाता और सुरक्षा कर्मचारियों से जूझता हुआ घुस आता है)

वियोगी : *(नारा लगाते हुए)* नारीदेहम् का व्यापार—

झुण्ड : *(समवेत)* नहीं चलेगा! नहीं चलेगा!

वियोगी : मांस-प्रदर्शन का त्यौहार—

झुण्ड : *(समवेत)* नहीं चलेगा! नहीं चलेगा!

वियोगी : नंगेपन का हाहाकार!

झुण्ड : *(समवेत)* नहीं चलेगा! नहीं चलेगा!

(अगले संवाद की अन्तिम पंक्तियों के बीच मेघाम्बरा और कौटिल्य ध्यान से मल्लिनाग को देखते हैं)

मल्लिनाग : *(खड़े होते हुए ऊँचे स्वर में)* जीवनानन्द उत्सव का अपमान मत कीजिए वियोगीजी!

वियोगी : *(उसे गुस्से से देखता है)* भावज को 'रामायण' का उपहार देने वाला भोलाभोला युवक—तुम्हारा ऐसा पतन?

मल्लिनाग : हमें यह समझने की आवश्यकता है कि सौन्दर्य समारोह बित्ते भर की कंचुकी से अधिक है। यह मेधा की चमक तो प्रतिबिम्बित करता ही है, साथ-साथ पक्की इच्छाशक्ति, गहरे संकल्प, और घोर परिश्रम का भी कीर्तन है। अभी हमने कुमारी मेघाम्बरा को सौन्दर्य-लक्षणों से परे जाते हुए देखा है। उन्होंने उन आलोचकों को उत्तर दे दिया है, जो सौन्दर्य मेले को केवल रूपम का पर्याय मानते हैं। आज आर्यावर्त सुन्दरी की विजय वास्तव में स्वरूपम की विजय होगी—आत्मविश्वास से दमकता उनका स्वरूप, जहाँ सौन्दर्य सत्य को अभिव्यक्त करता है और बदले में सत्य सौन्दर्य के रूप में प्रकट होता है। हम सदा से चिरन्तन स्त्री-सौन्दर्य के पक्षधर रहे हैं। इन्द्र ने आपाल के अधरों से सोमरस का पान किया था। तभी से कहा जाता है कि जो स्त्री-अधर का चुम्बन करता है, सोमरस का घूँट पीता है। आज हमने अपनी आँखों से आसव पिया है, जीवन पर हमारी आस्था गहरी हुई है और इसके लिए हम इस समारोह के कृतज्ञ हैं।

वियोगी : तुम्हारे लिए होगा यह आसव! हमारे लिए भुजंग का विष है।

मल्लिनाग : एक अनुत्तरदायी और अवयस्क उपद्रवी और कह भी क्या सकता है?

वियोगी : लम्पट शिरोमणि, तुमको तो आज हम सामाजिक उत्तरदायित्व की ऐसी शिक्षा देंगे कि तुम्हारी छत्तीस पीढ़ियाँ भी याद रखेंगी—

(उसकी और झपटता है। कौटिल्य बोलते हुए वियोगी के पास आता है)

कौटिल्य : वियोगीजी, मतभेद का तात्पर्य यह नहीं कि शिष्टाचार ताक पर रख दिया जाए।

(वियोगी कौटिल्य को देखकर चौंक जाता है, उनको प्रणाम और अपनी मंडली को चुप रहने का संकेत करता है। सूत्रधार उपद्रवियों को हटाने की कोशिश कर रहे सुरक्षाकर्मियों को मना करता है)

वियोगी : आपको यहाँ देखकर मैं स्तब्ध रह गया हूँ महामहिम! भारतीय संस्कृति के मुखड़े पर आपके सामने कालिख पोती जा रही है और...

कौटिल्य : *(बीच में ही)* भारतीय संस्कृति की मेरी समझ आप जैसी गहरी तो नहीं, पर इतना कह सकता हूँ कि ऐसे आयोजन से उस पर संकट के बादल नहीं छाने वाले।

वियोगी : इन नग्न प्रदर्शन से आपको कोई आपत्ति नहीं?

कौटिल्य : यह नग्न कहाँ से हो गया? मुझे तो शालीन दिखाई दे रहा है।

वियोगी : जितना दिखाई दे रहा है, उतना भी मर्यादा की सीमा से बहुत आगे है।

कौटिल्य : मैं सूखा-सड़ा व्यक्ति ठहरा। राग-रंग से मुझे कुछ लेना-देना नहीं। लेकिन इतना जानता हूँ कि नारी-देह विधाता की सबसे सुन्दर रचनाओं में विशिष्ट है।

वियोगी : लेकिन इसका मतलब यह नहीं कि ऐसा उच्छृंखल समारोह मनाकर उस विशिष्ट का निर्लज्ज रेखांकन किया जाए।

कौटिल्य : यह जीवित रहने के आनन्द का उत्सव है। मन्द समीर में लहराती कुन्दमालिका और हरी-भरी घाटियों में मोती बिखराते उन्मुक्त झरने से जैसे संस्कृति को कोई संकट नहीं होता, वैसे ही लम्बे अलकों से पानी के छींटे उड़ाती निष्पाप कुमारी भी जीवन-रागिनी का मनोरम आलाप है।

(अगले संवाद के बीच नीलाम्बरा स्निग्ध दृष्टि से मल्लिनाग

को देखती है)

वियोगी : मैं केवल आपका सम्मान रखने के लिए ही यहाँ से शान्तिपूर्वक जा रहा हूँ।

(साथियों के साथ जाने लगता है, ठिठक कर तीखी दृष्टि से मल्लिनाग को देखता है, फिर सबका प्रस्थान)

सूत्रधार : अब अपना-अपना स्थान ग्रहण करें।

(सब अपनी-अपनी जगह आ जाते हैं)

सूत्रधार : अब प्रतियोगी की बारी है। वह निर्णायक मंडल के एक सदस्य से प्रश्नोत्तर करेंगी।

मेघाम्बरा : महामहिम अध्यक्ष महोदय से—

(सब स्तब्ध। कौटिल्य मेघाम्बरा को देखता है)

सूत्रधार : किसी प्रतियोगी ने इतना साहस नहीं दिखाया। आर्या नगरवधू या आर्य सोमदत्त प्रस्तुत हैं न!

मेघाम्बरा : अनुमति मिले, तो कृतज्ञ होऊँगी।

सूत्रधार : क्यों अपने पाँवों में कुल्हाड़ी मारने पर तुली है सुकन्ये? प्रश्न के उत्तर के साथ महामहिम की ओर से भी प्रश्न हो सकता है। अगर अनुत्तर रह गयी, तो आपका सौन्दर्य-किरीट संकट में पड़ जाएगा।

मेघाम्बरा : जोखिम के लिए प्रस्तुत हूँ मान्यवर!

सूत्रधार : महामहिम किसी समारोह में नहीं जाते। वह हमारी विनती स्वीकार करके यहाँ आये—उन्होंने हमें वैधता और गरिमा दी। अब क्या यह हमारी धृष्टता नहीं होगी कि हम उन्हें प्रश्नों का लक्ष्य भी बनाएँ?

कौटिल्य : *(मुस्कुराता है)* नहीं श्रीमान! मैं पुलकित हूँ कन्या के आग्रह से। जैसा कि सभी जानते हैं, कुँआरा होने के कारण मुझे बालहठ का अनुभव नहीं। जीवन के इस मोड़ पर यह सम्पन्न हो जाए, तो मुझे मालूम हो जाएगा कि मैं कैसी मार्मिक अनुभूति से वंचित रह गया।

(मेघाम्बरा कृतज्ञता से तनिक नमन में गर्दन झुकाती है)

मेघाम्बरा : *(बिल्कुल गम्भीर)* महामहिम, अर्थशास्त्र में आपने कुँआरी कन्या के साथ बलात्कार करने वाले के लिए दंड का विधान किया है। कन्या की आयु के अनुरूप और उसके वाग्दत्ता-जैसी स्थिति

होने पर दण्ड की गम्भीरता बढ़ाई गयी है।

कौटिल्य : न्याय की यही माँग है।

मेघाम्बरा : इसी प्रसंग में आप आगे लिखते हैं, अगर कोई स्त्री अपनी जाति के पुरुष के साथ सहवास करे—यहाँ आपका तात्पर्य कुँआरी स्त्री से है?

कौटिल्य : निःसन्देह।

मेघाम्बरा : तो उस पर बारह पण का दंड लगाया जाए और पुरुष दूसरी जाति का हो तो सौ पण का, और साथ ही स्त्री उस पुरुष को सहवास-शुल्क भी दे।

कौटिल्य : तो?

मेघाम्बरा : इन दोनों दंडों का कोई आधार नहीं। प्रेम या काम भावना में जाति या गोत्र की कोई भूमिका नहीं होती।

कौटिल्य : तुम व्यक्ति के दृष्टिकोण से बोल रही हो और मैं प्रशासन के। जब सहवास की अभियोगी स्त्री ऊँची और पुरुष नीची जाति का होता है, तो कभी शान्ति और व्यवस्था का संकट खड़ा हो जाता है। एक बार तो सैनिक-विद्रोह तक होते-होते बचा, क्योंकि अभियोगी उपसेनापति की बेटी थी।

मेघाम्बरा : अब आप व्यक्ति के रूप में अपना दृष्टिकोण बताइए।

कौटिल्य : एक स्त्री और एक पुरुष, जिनकी जाति और गोत्र कुछ भी हो, एक-दूसरे पर आसक्त होकर क्या करते हैं, यह उनका निजी प्रसंग है। लेकिन अगर वह उजागर हो जाता है, तो मेरा मत व्यवस्था के पक्ष में जाएगा, व्यक्ति की स्वतन्त्रता के नहीं।

मेघाम्बरा : दंड स्त्री क्यों दे, पुरुष क्यों नहीं?

कौटिल्य : पुरुष सरलता से कामप्रसंग में कूद सकता है, उसके लिए भावना का आधार अनिवार्य नहीं। लेकिन स्त्री सामान्य रूप से पहले भावना के क्षेत्र में उत्तेजित होती है, फिर शारीरिक स्पर्श की बारी आती है। सारे सामाजिक ढाँचे का आधार स्त्री होती है, पूरे परिवार का संचालन उसके द्वारा होता है। पुरुष के अवगुणी होते हुए भी परिवार सही मार्ग पर चल सकता है, लेकिन अवगुणी स्त्री परिवार को डुबो देती है। उसके उत्तरदायित्त्व की गम्भीरता को रेखांकित करने के लिए ही इस दंड का विधान किया गया है।

मेघाम्बरा : यह लिंगभेद अन्याय नहीं तो और क्या है?

कौटिल्य : *(पहले तनाव से, फिर स्नेह की मुस्कान से देखता है)* कुमारी ने मुझे निरुत्तर कर दिया!
(ताली बजाने लगता है। सब साथ देते हैं। संगीत-रागिनी के साथ प्रतियोगी मंच का चक्कर लगाती हैं। फूलों भरी थाली में मुकुट रखे युवती मुस्कान से सूत्रधार के पास आती है। इस बीच निर्णायक बातचीत का मूकाभिनय करते हैं, फिर मंजुलसेना एक भोजपत्र सूत्रधार को देती है)

सूत्रधार : तो पहुँच गये हैं हम उस ऐतिहासिक पल के सिंहद्वार पर, जब एक पल में जीवन बदल जाता है—*(भोजपत्र पढ़ता है)* आर्यावर्त सुन्दरी का किरीट अपने माथे पर रखेंगी क्रमांक 7—*(तालियाँ। सूत्रधार के संकेत पर कौटिल्य मुकुट मेघाम्बरा के माथे पर रखता है—मल्लिनाग मन्त्रमुग्ध मेघाम्बरा को देख रहा है)*

सूत्रधार : प्रथम पुरस्कार की राशि है एक सौ एक पद्म स्वर्ण मुद्राएँ—*(तालियाँ, मेघाम्बरा पहले की सामान्य मुस्कान से अलग कोई प्रतिक्रिया नहीं दिखाती)*

सूत्रधार : और अब हृदय थाम कर सुनिए आर्यावर्त सुन्दरी को दिये जाने वाले अन्य उपहारों की सूची! रूपसज्जा संगठन की ओर से तरह-तरह के चन्दन, तेलों, लेपों, और चूर्णों वाली प्रसाधन-सामग्री का ऐसा भंडार कि दुकान खोली जा सकती है—*(तालियाँ)* छहों ऋतुओं, दोपहर, सन्ध्या और रात, और आयोजन की अनुकूलता के हिसाब से उतने तरह के वस्त्र, जितनी मानवीय भावनाएँ हैं—*(तालियाँ)* अश्व-व्यवसायी और हमारे एक प्रायोजक आर्य शंखनाद की ओर से छै श्वेत अश्वों और सोने की छतरी वाला रथ—*(तालियाँ)* हमारे दूसरे प्रायोजक भवन निर्माण संगठन की ओर से राजपथ पर सात तल का नया-नवेला, उपटन से सुगन्धित भवन—हमारे तीसरे प्रायोजक आभूषण निर्माता संगठन की ओर से लगभग पाँच कोटि के आभूषण-व्यापारी संघ की लघु और विराट इकाइयों की ओर से कुल मिलाकर लगभग तीन कोटि स्वर्ण मुद्राओं की भेंट—*(तालियों के बीच मल्लिनाग मोहभरे ढंग से आतंकित होता जाता रहा है। प्रकाश-व्यवस्था बदलने के साथ अब मेघाम्बरा*

और मल्लिनाग के ऊपर आलोक-वृत्त। दोनों की नजर मिलती है, फिर अलग हो जाती है)

गायक : *(चेतावनी की धुन में)*

भोले मन, रहो सजग, ये तो छली सुवास है
मलंग मोहपाश में छिपा हुआ विनाश है
हावभाव की मृदुल मरीचिका में मत फँसो
सुगन्धि अंगराग में दुःखों का अट्टहास है

(ऊपर की पंक्तियों के बीच मल्लिनाग आशंकित हो गया है, फिर सूँघते हुए मुस्कान के साथ विभोर हो जाता है)

एक गायिका : *(मुस्कान से)* वह जब होगा, तब होगा। अभी तो...

गायिकाएँ : *(एक साथ)* कामना-सुवास आ रही
नया प्रेम-छन्द गा रही...

(प्रकाश-व्यवस्था बदलती है। कौटिल्य-निवास का उद्यान। कौटिल्य टहल रहा है। मेघाम्बरा का पांडुलिपि लिये प्रवेश। प्रणाम करती है)

कौटिल्य : *(रूखे स्वर में)* क्या है?

मेघाम्बरा : मैंने एक आख्यान की रचना की है।

कौटिल्य : मैं सम्पादक या प्रकाशक नहीं।

मेघाम्बरा : मुझे केवल दिशा-निर्देश चाहिए। मेरे पात्र कूटनीतिज्ञ हैं। उनका चित्रण सही हो रहा है या नहीं, यही जानना है मुझे।

कौटिल्य : संक्षेप में बोलो।

मेघाम्बरा : एक राजनीतिक विवाद सुलझाने के लिए विरोधी राज्यों के दो चोटी के कूटनीतिज्ञों का शिखर-सम्मेलन होता है। उनमें से एक स्त्री है। यह उन दोनों की प्रेम-कथा है।

कौटिल्य : कूटनीतिज्ञ के पास प्रेम का अवकाश नहीं होता।

मेघाम्बरा : नायक को यही भ्रम था। स्त्री से मिलने के बाद खण्ड-खण्ड हो गया।

कौटिल्य : शिखर वार्ता दो-तीन दिन चलेगी। तब वे मिलेंगे, तो अपने दलों के साथ। अगर दोनों एक-दो बार एकान्त में भी मन्त्रणा करेंगे, तो उनके दुभाषिए, विशेषज्ञ, या निजी सचिव साथ होंगे। प्रेम पनपने का प्रश्न ही नहीं।

मेघाम्बरा : दोनों दुभाषिए या निजी सचिव के बिना मिलते हैं। सद्भावना

और विश्वास जगाने के लिए ऐसा नहीं होता क्या?

कौटिल्य : हूँ—फिर?

मेघाम्बरा : दोनों आधी रात के बाद अपने-अपने शयन-कक्ष से निकलते हैं और प्रमोद उद्यान में आ जाते हैं।

कौटिल्य : और दोनों के प्रहरी खर्राटे भरते रहते हैं?

मेघाम्बरा : साहित्य में इसी को काव्यात्मक छूट कहा जाता है।

कौटिल्य : तुम्हारी काव्यात्मक छूट छुट्टा सांड बन रही है। तुम्हारी यह शिखर-वार्ता हो कहाँ रही है? तुमने कहा कि उनमें शत्रुता है, तब इसे किसी तटस्थ जगह होना चाहिए।

मेघाम्बरा : हाँ। उन दोनों के राज्यों से बाहर।

कौटिल्य : *(नाराजगी से)* तब उन दोनों के शयन-कक्ष अपनी-अपनी सेना—टुकड़ियों से घिरे होंगे। तुमको पता-वता कुछ है नहीं। *(उसकी नकल में)* मैंने एक आख्यान लिखा है!

मेघाम्बरा : निःसन्देह मुझे कूटकौशल का पता नहीं, लेकिन अनुरागी उन्माद ज्वार को पहचानती हूँ। तो वे मिले—जैसे दावानल में एक ओर की लपटें दूसरी ओर की सूखी घास को निगलने के लिए लपलपाती हैं—दोनों की कामना-अर्गलाएँ जैसे जन्म-जन्म से उन्हें जकड़े हुए थीं, एक-दूसरे का स्पर्श पाते ही कमलतन्तु की तरह तार-तार हो गयीं—

(कौटिल्य की गहन प्रतिक्रिया)

मेघाम्बरा : आप उस चुम्बन को जानते हैं, जो होठों के रास्ते गले की भीतरी शिराओं में उत्तप्त काँटा फेंक कर दूसरे की आत्मा को अपने भीतर खींच लेता है? सारा जीवन मरुस्थल में दौड़ने के बाद उनकी झुलसती आत्माओं पर जैसे आषाढ़ की पहली मेघ-रागिनी बरस रही थी—वे भीगे—रस से विभोर हो गये—चन्द्रकिरणों से शीतल लता-वितान उनकी उत्तेजना ऊष्मा से दहकने लगा...

कौटिल्य : हाँ-हाँ ठीक है। कल्पना-विलास पर तो कोई प्रतिबन्ध है नहीं।

मेघाम्बरा : मेरी समस्या अब प्रारम्भ होती है। विवाद का निपटारा हो गया। वे अपनी-अपनी राजधानी को लौट गये और भोर से आधी रात तक के अपने व्यस्त शिकंजे में कसते गये। लेकिन उनकी आत्मा में निरन्तर हाहाकार होता रहता है।

कौटिल्य : धीरे-धीरे सन्नाटा छा जाएगा। समय की धूल से सब ढँक

जाता है।

मेघाम्बरा : सन्नाटा नहीं छाया, समय की धूल गिरी, लेकिन भावना की तीव्र बयार से उड़ती भी गयी। वे एक-दूसरे के लिए तपते रहे।

कौटिल्य : ठंडा हो जाता है हर ताप।

मेघाम्बरा : एक का हो सकता है, लेकिन दूसरे का सुलगता रहा।
(कौटिल्य सूक्ष्म दृष्टि से उसे देखता है)

मेघाम्बरा : शिखर-वार्ता के बाद ठीक नवें मास में स्त्री कुछ दिनों के लिए दूर वनाश्रम में चली गयी—अपनी विश्वस्त परिचारिका के साथ।
(कौटिल्य स्तब्ध देखता है। मेघाम्बरा जाने लगती है)

कौटिल्य : *(आवेग से)* फिर?

मेघाम्बरा : *(बिना रुके)* आपके सन्ध्या-वन्दन का समय हो चुका।

कौटिल्य : *(पीछे आता है)* कर लूँगा—फिर क्या हुआ?

मेघाम्बरा : *(रुक जाती है)* कुछ याद आ रहा है?

कौटिल्य : *(आशंका से)* क्या मतलब?
(मेघाम्बरा फिर जाने लगती है)

कौटिल्य : *(फिर पीछे आता है)* रुको—
(रुक जाती है)

कौटिल्य : कठिन संघर्ष के दिन थे वे। नन्दों के विरुद्ध छोटे-बड़े राज्यों को संगठित करने का अभियान चल रहा था। तभी मुक्तेश्वर जाना हुआ। स्थापत्य में चन्द्रहास परिवार शिखर पर था। पिछले दो सहस्र वर्षों में उन्होंने तमाम प्रमुख दुर्ग और राजमहल बनाये थे। आर्य सुमेरुदत्त की सिद्धि और निष्ठा की ऐसी ख्याति थी कि दो-दो शत्रु-राज्य बिना किसी हिचक उनके पास आते थे।

मेघाम्बरा : *(करुण सुर में पर चुनौती के साथ)* विधि का विधान कि जिस चन्द्रहास भवन के सिंहद्वार पर हाथियों के गले की घंटियाँ बजती थीं, उसके खंडहर में साँझ-ढले सियार बोलने लगे।

कौटिल्य : *(सतर्क हो जाता है)* उनके परिवार का क्या हुआ?

मेघाम्बरा : परिवार में कई थे।

कौटिल्य : उनकी छोटी बहन नीलाम्बरा—

मेघाम्बरा : *(तीखे स्वर में)* बड़ी जल्दी याद कर लिया?
(कौटिल्य अपराध भाव से चुप है)

मेघाम्बरा : अब भूलोक में नहीं।

(कौटिल्य पर प्रतिक्रिया होती है)

मेघाम्बरा : बड़े भाई पर जो राजकोप टूटा, उसके लिए अपने को उत्तरदायी मानकर उनकी एक-एक साँस अपराधी बन गयी। प्रेम विश्वासघात से हृदय पहले ही जर्जर था। उससे भी दुःखद यह था कि उनमें जीवन के लिए कोई आस्था नहीं बची थी। घृणा की मूर्तिमान रूप थीं वह!

कौटिल्य : किससे?

मेघाम्बरा : *(ठंडी घृणा से)* अपने प्रेमी से महामहिम! और किससे?

कौटिल्य : क्या किया था उस दुर्भाग्यशाली ने?

मेघाम्बरा : अब यह भी बताना होगा?

(कौटिल्य चुप है)

मेघाम्बरा : राजकोप से बचने के लिए आश्रय की याचना लेकर आया था पाखंडी! सुमेरुदत्त ने आपत्ति की, पर भोली नीलाम्बरा बोली, मैंने उसे शरण दे दी है। सुमेरुदत्त का जीवन ही बहन के लिए समर्पित था। उनको क्या पता था कि वह कुटिल जिस थाली में खा रहा है, उसी में छेद भी करेगा। *(हँसती है)* महाभारत के स्त्री पात्रों पर शोध-प्रबन्ध लिख रही थी नीलाम्बरा! उसने द्रौपदी का अध्याय सुना, खुले बालों की प्रतिशोध-प्रतिज्ञा—और उस कपटी ने प्रतिशोध की व्याख्या करते हुए कहा कि प्रतिशोध एक सकारात्मक, जीवनोन्मुखी मूल्य है, क्योंकि वह चुनौतियों से जूझने की प्रेरणा और सार्थकता देता है। शत्रु जितना बड़ा होता है, प्रतिशोध उतना ही सार्थक पाया जाता है। अगर प्रतिशोध बड़े परिप्रेक्ष्य वाला है, समाज-कल्याण का कारक बनता है, तो और भी वन्दनीय है।

कौटिल्य : फिर?

मेघाम्बरा : नीलाम्बरा उसके ज्ञान और वाक्पटुता से प्रभावित होने लगी। उसकी मुख-मुद्रा तनी हुई और कठोर, स्वर कर्कश, स्वभाव रूखा—लेकिन प्रेमांकुर तो पत्थर पर भी उग आता है।

(कौटिल्य अपना भावावेग दबाने का प्रयास करता है)

मेघाम्बरा : फिर जैसे अकस्मात वह आया था वैसे ही अचानक विलुप्त हो गया। नीलाम्बरा को जैसा आघात लगा, उसकी कल्पना कर सकते हैं? बताकर क्यों नहीं गये? मेरा इतना अधिकार नहीं माना कि विदा लेकर जाते? इसके बाद आघातों की जो

श्रृंखला प्रारम्भ हुई, तो थमी नहीं। सबसे पहले नन्दवंश के मित्र राज्यों का पराभव होने लगा। इन सभी अभियानों में मौर्यसेना की रणनीति समान थी। शत्रु-राजधानी की घेराबन्दी कर लेना, भोजन-सामग्री की कमी के साथ उसका मनोबल गिराना, अगर जल-आपूर्ति का स्त्रोत प्राचीर के बाहर भूमिगत है, तो उसे अवरुद्ध कर देना; अगर कूपों का जल पर्याप्त है, तो राजमहल की सुरंग के द्वारा आधी रात को अचानक आक्रमण करके सोते नरेश का वध कर देना। नरेश ने सुरंग का मुँह अपने शयनकक्ष में खोला था—इतना सँकरा कि एक बार में एक सैनिक ही रेंगते हुए जा सकता था। मौर्य सैनिकों ने भूखे भुजंगों को सुरंग में छोड़ दिया। चन्दन शैया की सुगन्धि पाकर वे जिह्वा लपलपाते हुए आगे झपटे—मृतक का चेहरा पहचानना भी कठिन था...

कौटिल्य : होनी को कौन टाल सकता है!

मेघाम्बरा : स्पष्ट था कि मौर्यों के पास शत्रु पक्ष के स्थापत्य मानचित्र हैं—परम गोपनीय। सबसे स्तब्ध करने वाला तथ्य यह था कि पराजित सारे राज्यों की दुर्ग-रचना आर्य सुमेरुदत्त और उनके पूर्वजों ने की थी। यह बात नन्द साम्राज्य के अधीन मुक्तेश्वर नरेश ने भी समझ ली। सुमेरुदत्त को बन्दीगृह में डाल दिया गया। वह अपने निर्दोष होने की कातर पुकार लगाते रहे। उनकी देह का एक-एक अंग काटा गया—पहले कान, फिर नाक, फिर हाथ। नीलाम्बरा ने अभिलेख कक्ष देखा— *(कौटिल्य की ओर देखते हुए)* मानचित्र नहीं थे।

(कौटिल्य उससे नजर नहीं मिलाता)

मेघाम्बरा : नीलाम्बरा देर होने से पहले नहीं समझी। देर होने के बाद जब समझी, तो—हरे-भरे पेड़ पर अचानक बिजली को गिरते देखा है? विश्वासघात से ठूँठ हुई स्त्री इसके बाद अपनी साँसों का बोझ नहीं सह सकी...

(कौटिल्य हथेलियों में मुँह छिपा लेता है)

मेघाम्बरा : स्वीकार करने का साहस है?

(कौटिल्य विलाप करता है)

मेघाम्बरा : *(आक्रोश से)* हे प्रभु, अगर नीलाम्बरा का प्रेम सच्चा था, तो शाप दो कि इस प्रवंचक के निजी राक्षस दिन दूने रात

चौगुने बढ़ते जाएँ—उनके विकराल तांडव से अंतिम साँस तक मुक्ति न पा सके यह हृदयहीन...

कौटिल्य : *(अपने को सँभालता है)* मैं उस कोटि का पाषाण नहीं, जैसा तुम समझती हो। मैंने भी अन्तर्वेदना के सैकड़ों दंश झेले हैं।

मेघाम्बरा : उससे नीलाम्बरा की व्यथा कम नहीं होती।

कौटिल्य : मैं भी कब से दुःख और पश्चाताप की अग्नि में झुलस रहा हूँ।

मेघाम्बरा : *(बेहद ठंडी सख्ती से)* अगर नीलाम्बरा की यातना सच्ची थी, तो अब आपको अमरत्व का वरदान मिले, पर रौरव नरक की अग्नि में इसी तरह झुलसा करें आप! आपके निजी राक्षस अट्टहास करते हुए आपके कलेजे का रक्त पिएँ, आपकी कातर चीत्कारों से गूँजती रहें चारों दिशाएँ, और आपकी प्रेतात्मा प्रलय होने तक पंखनुचे पक्षी की तरह कराहती रहे—तब शायद नीलाम्बरा की आत्मा को रत्ती भर शान्ति मिलेगी।

कौटिल्य : ऐसा ही हो रहा है—वही गिने-चुने पल थे, जब मुझे निजी जीवन मिला था। तुम्हें दिखाई नहीं देता कि राजनैतिक लक्ष्य पूरा होते ही मेरे जीने का सारा अर्थ चला गया?

(मेघाम्बरा उसकी पुकार पर ध्यान नहीं देती)

मेघाम्बरा : कितने वर्ष बीत गये। आर्य कौटिल्य का नाम बहुत सुना जाता था, पर उनका चित्र कहीं नहीं मिलता था। फिर 'अर्थशास्त्र' का प्रकाशन हुआ। ग्रन्थ के पिछले आवरण पर उनका रेखाचित्र था। उसे देखकर नीलाम्बरा को आश्चर्य नहीं हुआ। बस, थोड़ा-सा ढीठ विश्वास बचा था, जो सदा के लिए बुझ गया।

कौटिल्य : जब रात के अँधेरे में चन्द्रहास भवन से भागा था, तो विश्वासघात का घाव था मेरे मन में। और जैसे-जैसे मेरा राजनैतिक लक्ष्य पूरा होने लगा, मेरे अपराध-बोध का दंश बढ़ता गया। कहते हैं, समय और वियोग प्रेम भावना के लिए खाद और पानी का काम करते हैं। मेरे लिए यह सच प्रमाणित हुआ। सामाजिक अभियानों के बीच अचानक वे भोली आरोपी आँखें मुझे देखतीं और मेरी हृदय-गति लड़खड़ा जाती...

(मेघाम्बरा अपने अगले संवादों में दो टूक, तीखी, और आक्रामक है)

मेघाम्बरा : पाखंड से मुझे नहीं छला जा सकता।

कौटिल्य : कृतज्ञता-बोध है मुझमें और प्रेम भी मैंने किया है, लेकिन राजनीति ऐसी नागिन है, जिसका काँटा कर्तव्य-सूची में बृहत्तर लक्ष्य को सबसे ऊपर रखता है और पल-पल के भीतरी रक्तस्राव के लिए अभिशप्त हो जाता है। चन्द्रगुप्त के राजतिलक के समय मैंने देखा—ऊपर देखते हुए उसकी आँखें सजल हो उठी हैं। गवाक्ष से युद्ध-विधवाएँ श्वेत परिधान में पुष्प-पंखुरियाँ बिखेर रही थीं। चन्द्रगुप्त ने पूछा, तात, क्या इस पल का हर्ष सच्चा और सार्थक है? जीवन में पहली बार मैंने जीवनविरोधी उत्तर दिया, मेरे लिए नहीं।

मेघाम्बरा : दुःख के आडम्बर से आप चन्द्रगुप्त को छल सकते हैं, मुझे नहीं।

कौटिल्य : मेरा वचन सत्य है। इस सारे अभियान में मेरा निजी प्राप्य केवल प्रतिशोध का पूरा होना था। इसके अतिरिक्त मैंने न कुछ चाहा, न कुछ लिया। और जो विश्वासघात किया, आत्मघृणा से उसका मूल्य चुकाया। जीवन में पहली बार मेरे भीतरी अँधेरे में निजी राक्षसों के तांडव प्रारम्भ हुए और अट्टहास करते हुए मेरा हृदयपिंड चींथने लगे।

(मेघाम्बरा चुप है)

कौटिल्य : नीलाम्बरा ने अन्तिम वर्ष कैसे काटे?

मेघाम्बरा : अनुमान लगाना कठिन नहीं।

कौटिल्य : मुक्ता द्वीप का एकान्त बहुत बोझिल रहा होगा?

मेघाम्बरा : उससे जूझने में शक्ति मिली—अपनी पुत्री का मुँह जोहने से।

कौटिल्य : *(चौंकता है)* विवाह कर लिया था?

मेघाम्बरा : वह उनकी प्रेम-सन्तान थी।

कौटिल्य : *(भीतर से काँप जाता है)* अर्थात्?

मेघाम्बरा : वही विश्वासघाती था उस दुर्भाग्यशाली का पिता।

कौटिल्य : *(तड़प उठता है)* मिथ्या बोल रही हो!

मेघाम्बरा : क्या लाभ होगा मुझे?

कौटिल्य : क्या प्रमाण है तुम्हारे पास?

(मेघाम्बरा चुनौती के ढंग से देखती है)

कौटिल्य : हम पहली बार कहाँ मिले थे?

मेघाम्बरा : पावन सरोवर पर।

कौटिल्य : मैंने नीलाम्बरा को एक नाम दिया था।

मेघाम्बरा : मौन कपोती।

कौटिल्य : हमने गन्धर्व विवाह कहाँ किया था?

मेघाम्बरा : हरित टेकड़ी मन्दिर में।

कौटिल्य : वह मेरे हृदय की उपमा किससे देती थी?

मेघाम्बरा : नारियल से।

कौटिल्य : मैंने उन्हें एक भेंट दी थी।

(मेघाम्बरा पहनी हुई अँगूठी दिखाती है)

कौटिल्य : *(आवेग से)* मेरी पुत्री कहाँ है अब?

मेघाम्बरा : जहाँ से आयी थी, वहीं चली गयी।

कौटिल्य : कैसे?

मेघाम्बरा : सामान्य ज्वर...

कौटिल्य : *(एकटक उसे देखता है)* तुम्हीं हो?

मेघाम्बरा : नहीं।

कौटिल्य : मेरा हृदय बोल रहा है।

मेघाम्बरा : *(सख़्ती से)* पाषाण नहीं बोलता।

(तेज़ी से जाने लगती है)

कौटिल्य : *(अधीर होकर पुकारता है)* ठहरो—*(उसकी बाँह थाम लेता है)* फिर तुम कौन हो?

मेघाम्बरा : नीलाम्बरा की परिचारिका की बेटी।

कौटिल्य : क्यों छिपा रही हो? यह यातना की कौन-सी प्रणाली है?

मेघाम्बरा : यातनाओं के सबसे मौलिक गीतकार के मुँह से ऐसी बात शोभा नहीं देती।

कौटिल्य : तुम्हारी अम्बा ने तुम्हें सिखाया है कि मुझसे किस प्रकार प्रतिशोध लेना?

मेघाम्बरा : जो प्रतिशोध के शलाका-पुरुष हैं, उन्हें चन्द्रमा की छायाओं में भी षडयन्त्र के प्रतिबिम्ब दिखाई देते हैं, पर जिनमें विश्वास सुवास है, वह अपने परम विनाशक को भी शुभ कामना देते हैं।

कौटिल्य : तुम मुझे शुभकामना मत दो। बस, सच्चाई बता दो, मेरा त्रासद अँधेरा छाँट दो।

मेघाम्बरा : बता रही हूँ इस आशा से कि त्रासद अँधेरा और भी सघन हो जाए शायद। पहले उन्हें आपके नाम से घृणा थी। फिर वह अरुचि में घट गयी। फिर अरुचि भी निस्पन्द होकर उदासीनता

में बदल गयी...

कौटिल्य : क्यों सता रही हो?

मेघाम्बरा : इतनी देर के बाद अब कोई अन्तर नहीं पड़ता।

कौटिल्य : मुझे और तुम्हें—दोनों को शान्ति मिलेगी।

मेघाम्बरा : अजनबी की शान्ति से मुझे क्या लेना-देना?

कौटिल्य : अभी तुम क्रोध में हो, बाद में तुम्हें भी पीड़ा पहुँचेगी।

मेघाम्बरा : मैं केवल सन्देशवाहक हूँ। मुझे क्यों पीड़ा पहुँचने लगी?

कौटिल्य : मैं अपनी अन्तिम हिचकी से अधिक दूर नहीं। कम-से-कम मुझे शान्ति से मरने की भीख दे दो—अभागे पिता पर इतना अत्याचार मत करो बेटी—मेरे पास आने में कौन-सी बाधा थी?

मेघाम्बरा : सन्देश आता, तो अम्बा को कौन रोक सकता था?

कौटिल्य : तुमने हमें मिलाने का प्रयास क्यों नहीं किया?

मेघाम्बरा : मैंने खोयी अँगूठियाँ ढूँढ़ने का ठेका ले रखा है?

कौटिल्य : बेटी पिता की पक्षधर होती है।

मेघाम्बरा : ओहो, पारिवारिक जीवन का कितना ज्ञान है, पर इतना नहीं जानते कि वे पिता आपके—जैसे निर्मोही नहीं होते?

कौटिल्य : मैं निर्मोही नहीं।

मेघाम्बरा : इसका प्रमाण दिया है कभी?

कौटिल्य : युद्ध में विजय पाने से पहले ही मैंने गुप्तचर भेजा था। मुक्तेश्वर पहुँचकर गुप्तचर को सर्वनाश की सूचना मिली। परिवार में कोई नहीं बचा था। नीलाम्बरा के बारे में इतना ही पता चला कि अगर जीवित हैं, तो किसी बन्दीगृह में। वहाँ का हर बन्दीगृह छान मारा। कुछ पता नहीं चला। पर आशा दीपक टिमटिमाता रहा। सोचा, कभी मेरे प्रति घृणा शायद कुछ धुँधली हो जाए या मेरा मुँह नोंचने के लिए उन्मादी हो उठे। उन्हें हमारे किसी सैनिक से केवल इतना कहना था, मुझे तत्काल राजधानी पहुँचा दें। चारों दिशाओं के क्षेत्रपालों को आदेश था। सुरक्षा दल से घिरा आठ अश्वों वाला रथ हर आठ पहर बाद अश्व बदलता हुआ उन्हें मेरे भवन में पहुँचा देता। कितनी कल्पना की थी कि आक्रोश से जलती हुई आएँगी—मैं पाँव पकड़ कर क्षमा मागूँगा—यह वैसी क्षमा है ही नहीं, जो सरलता से मिलेगी—अपनी जली-कटी सुनाकर वह जाने के लिए प्रस्तुत होंगी। मैं रास्ते में लेटकर रास्ता रोक लूँगा। कहूँगा, मुझे रौंदकर जा सकती हो,

तो चली जाओ। अब शेष जीवन हमें साथ काटना है। पहले जितना रुलाया है, अब उतना ही हँसाऊँगा। चोटी के सारे पदाधिकारियों में कानाफूसी चलेगी, महामहिम मन्त्रणा कक्ष में नहीं आ रहे हैं। प्रबन्धन-पत्रों के सारे बस्ते एक-एक करके उनके निजी कक्ष में इकट्ठे होते जा रहे हैं। सेवकों ने बताया, एक सुन्दर महिला भीतर हैं। चन्द्रगुप्त को बुलाकर सामने खड़ा कर दूँगा, वत्स, एक बार युद्ध के बीच हमारा मनोबल झीना हो गया था, तब मैंने भीगी आँखों से प्रभु से विनती की थी। और तुमने मुझे पहली बार प्रार्थना बुदबुदाते हुए सुना था। वह प्रार्थना इन्हीं के लिए थी। अब उन्हें रोकने का दायित्व तुम्हारे ऊपर है—

(हथेलियों में मुँह छिपा लेता है। मेघाम्बरा भी निढाल है। अगले गीत के बीच दोनों का प्रस्थान)

गायकवृन्द : हाय क्या अनर्थ हो गया।
पीड़ा-ताण्डव व्यर्थ हो गया।
वेदिका महान लक्ष्य की।
रक्त व्यक्ति का पी गयी।
हा समष्टि के विधान में
निजता की बलि ली गयी।
आदि-मध्य में तो तर्क था।
अन्त बिना अर्थ हो गया।

(प्रकाश-व्यवस्था बदलती है, नदी किनारा। मेघाम्बरा विचारलीन बैठी है। मल्लिनाग का प्रवेश)

मल्लिनाग : तुम्हें कब से ढूँढ़ रहा हूँ।

मेघाम्बरा : तुम्हारा भुगतान किये बिना भागूँगी नहीं। *(थैली बढ़ाती है)* यह लो। जितना निश्चित हुआ था, उससे कई गुना अधिक ही होगा। *(मल्लिनाग नहीं लेता)*

मेघाम्बरा : उस दिन तुमने अग्रिम क्यों वापस कर दिया था?

मल्लिनाग : सहानुभूति हो गयी थी।

मेघाम्बरा : क्यों?

मल्लिनाग : क्योंकि तुम अकेली विपरीत स्थितियों से लड़ रही थीं।

मेघाम्बरा : सुना नहीं था कि तुम सहानुभूति से पीड़ित होते हो।

मल्लिनाग : मैंने भी नहीं सुना था। *(सुर बदल जाता है)* तुम्हारे उस

चिकित्सा परिधान वाला जलपोत विदेशी है। कहाँ से चढ़ी थीं?

मेघाम्बरा : माल्यद्वीप से।

मल्लिनाग : वहाँ किसलिए गयी थीं?

मेघाम्बरा : नया जीवन बनाने।

मल्लिनाग : फिर लौटी क्यों?

मेघाम्बरा : जीवन बन गया, इसलिए...

मल्लिनाग : नहीं, जीवन बना होता तो तुम पवन उद्योग में छोटी-सी वृत्ति नहीं करतीं। तुम्हारे मन में कुछ और अन्धड़ चल रहा है। आर्यावर्त में तुम रहीं, फिर विदेश गयीं, फिर वापस भी लौटीं। इतनी सी आयु में तुमने कितने जीवन जी लिये? प्रश्नोत्तर में तुमने जो मेधा दिखाई है, उनसे तुम्हारी ऊँची शिक्षा प्रमाणित हो जाती है। तुम कुछ छिपा रही हो।

मेघाम्बरा : लौटी हूँ, क्योंकि अभागी सन्तान अभागे बाप को आत्म-धिक्कार की ज्वालाओं में झुलसता देखने के बाद ही मरना चाहती थी।

मल्लिनाग : उन्होंने प्रतिशोध के लिए जीवन होम कर दिया। अब तुम्हें भी वही करना है?
(मेघाम्बरा चुप है)

मल्लिनाग : वह सच्चा प्रायश्चित कर रहे हैं। उन्हें छोड़ दो अपने निजी राक्षसों के साथ जूझते हुए और तुम अपने पथ पर आगे बढ़ो।

मेघाम्बरा : कौन-सा पथ?

मल्लिनाग : आत्मनिर्भर युवती का पथ कौन-सा होता है? अब जीवन में जो करना चाहती हो, करो।

मेघाम्बरा : वही कर रही हूँ। एकान्त के लिए यहाँ बैठी हूँ।

मल्लिनाग : तात ने अनशन कर रखा है। आँखें अनिद्रा से लाल। रात-रात भर उद्यान में चक्कर लगाया करते हैं।

मेघाम्बरा : हृदय-ज्वाला को तनिक शान्ति मिली।

मल्लिनाग : तुम्हारी शान्ति में बढ़ोत्तरी होगी, जब उनका रक्तचाप बराबर ऊँचा होते हुए उनकी हृदय-गति रोक देगा?

मेघाम्बरा : एक दिन सबकी गति रुकनी है।

मल्लिनाग : अच्छा हुआ, उन्हें मुखाग्नि देने के लिए तुम हो।

मेघाम्बरा : तुमने कैसे समझ लिया कि मेरे पास व्यर्थ कामों के लिए

अवकाश है?

मल्लिनाग : भूल हो गयी। क्षमा मिल जाए, तो तुम्हारे आगे मेरी गर्दन कृतज्ञता के बोझ से हमेशा झुकी रहेगी।

मेघाम्बरा : तुम्हें क्यों उनकी इतनी चिन्ता है?

मल्लिनाग : मेरे अभिभावक हैं।

मेघाम्बरा : उन्होंने क्या किया है तुम्हारे लिए?

मल्लिनाग : मेरे भले-बुरे की चिन्ता की है।

मेघाम्बरा : तुम इतनी-सी बात का मूल्य इतना ऊँचा आँकते हो?

मल्लिनाग : क्योंकि मैंने किसी के लिए कुछ नहीं किया।

मेघाम्बरा : मेरे लिए तो किया है।

मल्लिनाग : कुछ पल के लिए बुद्धि भ्रष्ट हो गयी थी।
(जाने लगता है। मेघाम्बरा भी पीछे जाती है। प्रकाश-व्यवस्था बदलती है। कौटिल्य का निवास। कौटिल्य बैठा है। मेघाम्बरा और मल्लिनाग का प्रवेश)

मेघाम्बरा : आपने अपने इस चारण को मेरे पीछे क्यों लगा रखा है?

कौटिल्य : तुम्हारी हित चिन्ता हम नहीं, तो और कौन करेगा?

मेघाम्बरा : व्यंग्य-बाण चलाने का अच्छा अभ्यास कर रखा है इसने।

कौटिल्य : *(मल्लिनाग से)* क्यों कन्या का मन आहत कर दिया?

मल्लिनाग : यह आहत होने वाली कन्या नहीं है तात!

मेघाम्बरा : *(उलाहने के सुर में कौटिल्य से)* देख लिया?

कौटिल्य : *(मल्लिनाग से)* थोड़ा मौन तुम्हारी आत्मा के विश्राम के लिए लाभकारी होगा।

मल्लिनाग : अगर इसके पास आत्मा ही न हो, तो?

मेघाम्बरा : *(मल्लिनाग से)* तुमसे कह रहे हैं, मुझसे नहीं *(कौटिल्य से)* आप तो अच्छे-भले हैं।

कौटिल्य : जब मृत्यु-शैया पर होऊँगा, तभी आओगी?

मेघाम्बरा : उलाहना देने से पहले उसका अधिकारी बनना होता है।

कौटिल्य : कैसे बनता है कोई उसका अधिकारी?

मेघाम्बरा : अगर यह पूछने से जाना जा सकता, तो जीवन बहुत सरल हो जाता।

कौटिल्य : तुम मेरे उलझे जीवन को और उलझाने आयी हो?

मेघाम्बरा : यह सब आपका ही किया-धरा है।

कौटिल्य : हर भूल का शमन हो सकता है, अगर मन में थोड़ी उदारता

हो, तो।

मेघाम्बरा : आपके जैसा हृदयहीन ही उदारता की बात कर सकता है।

कौटिल्य : कितना जलाओगी?

मेघाम्बरा : *(आवेश में)* मैं कितनी जली हूँ, इसका ब्यौरा किसे सुनाऊँ? घर-घर में पिता था, मेरे घर में नहीं। अम्बा ने कहानी गढ़कर सुना दी। मैंने स्नेही पिता का रेखाचित्र बनाया—कली को छाँव, हवा, पानी देता हुआ वटवृक्ष। जब किशोरी हुई, तो अम्बा ने वास्तविकता बतायी। उस आघात की गहनता और धार को समझ सकते हैं आप? फिर प्रारम्भ हुआ स्नेह और घृणा का द्वन्द्व—उस दंश और पीड़ा से कलेजा छलनी हो चुका है—मेरी उत्कण्ठा भी तो आत्म पीड़ा का दूसरा नाम है। क्यों आयी मैं यहाँ? अपार घृणा का तार्किक विकास तो यही होना चाहिए था कि आपको फूटी आँखों देखूँ भी नहीं। लेकिन मन पर संयम नहीं रहा। आप मुझ पर उपकार कर सकते थे। आपको मृत्यु नहीं आयी, तो आपने इच्छा-मरण क्यों नहीं कर लिया? दोनों को छुटकारा मिल जाता।

कौटिल्य : आत्मघात कर लेता हूँ—

मेघाम्बरा : विचार सुन्दर है।

मल्लिनाग : मुझे प्रशासन को गवाही देनी होगी कि तात को आत्मघात के लिए तुमने विवश किया था। तुम पर हत्या की प्रेरणा का आरोप लगेगा।

मेघाम्बरा : स्वीकार है।

मल्लिनाग : तात के न रहने से तुम्हें क्या मिलने वाला है?

मेघाम्बरा : तात के रहने से मुझे क्या मिलने वाला है?

मल्लिनाग : ऐसे ही व्यंग्य-बाणों से तड़पा-तड़पा कर मारो, धीमे देहान्त का वरदान दो, इनकी पीड़ा से आनन्द निचोड़ो।

(मेघाम्बरा जाती है। उसके प्रस्थान के साथ आलोक-व्यवस्था बदलती है। कौटिल्य का भी प्रस्थान। मल्लिनाग चल रहा है। पीछे से निकलकर सूत्रधार देख रहा है। एक युवती निकलती है, कामना से मल्लिनाग को देखती है, हाथ का पुष्प अपने दाँतों से छुआ कर मल्लिनाग के सामने फेंकते हुए आमन्त्रण की मुस्कान के साथ जाती है। मल्लिनाग ठिठक जाता है, पुष्प को देखता है, फिर आगे बढ़ जाता है)

सूत्रधार : *(उलझन से)* क्या हुआ कामना-कुचक्री?

मल्लिनाग : क्या हुआ?

सूत्रधार : कामिनी आह्वान कर रही है। आनन्दमार्ग का मुक्त यात्री पुष्प उठाकर संकेत-स्थल पर जाने के बजाए उसकी अनदेखी कर रहा है।

मल्लिनाग : जी नहीं चाहता।

सूत्रधार : *(आतंकित होने का स्वांग भरता है)* मेरे कानों ने वही सुना, जो तुमने कहा?

मल्लिनाग : अस्थायी सम्बन्ध टूट कर कचोट दे जाते हैं।

सूत्रधार : *(आश्चर्य से)* वही तो है तुम्हारा अभिप्रेत...

मल्लिनाग : अब मुझे गहराई चाहिए।

सूत्रधार : गहराई के बाद प्रतिबद्धता का सोपान आता है, जिससे तुम वैसे ही छिटकते हो, जैसे लाल कपड़े को देख कर सांड!

मल्लिनाग : धुँधला-सा समझ में आ रहा है कि जिसे तृप्ति कहते हैं, वह प्रतिबद्धता के बाद ही मिल सकती है।

सूत्रधार : *(आतंक का स्वाँग भरता है)* ऐसा बोध अचानक जागा कैसे?

मल्लिनाग : मेरा जीवन बस, गोल-गोल चक्कर काट रहा है, कहीं पहुँचता नहीं।

सूत्रधार : कहीं पहुँचना चाहिए?

मल्लिनाग : कुछ गन्तव्य तो होना ही चाहिए।

सूत्रधार : उससे क्या होगा?

मल्लिनाग : जीवन व्यवस्थित हो जाएगा।

सूत्रधार : उससे क्या होगा?

मल्लिनाग : व्यक्ति रूप में सन्तुष्टि मिलेगी।

सूत्रधार : *(मुस्कुराता है)* अद्‌भुत!

(मेघाम्बरा का प्रवेश। मल्लिनाग को देखती है, पास आने लगती है। सूत्रधार का प्रस्थान। यह उद्यान हो सकता है। मेघाम्बरा मल्लिनाग के पास आ बैठी है)

मेघाम्बरा : शैवाल*द्वीप देखा है?

मल्लिनाग : नहीं।

मेघाम्बरा : पचहत्तर कोस क्षेत्रफल का मंजुल द्वीप-समूह ग्यारह कोटि स्वर्ण मुद्राओं में मोल लिया है। बहुत उपजाऊ भूमि। नारियल,

आम्र और अनेक फल वृक्ष; केतकी व कुंकुम-केसर के लता-कुंज। हल्का नीला जल, प्रवाल, मछलियाँ, और आँखों की सम्पूर्ण सीमा में भरी शान्ति...

मल्लिनाग : वहीं रहोगी?

मेघाम्बरा : कभी-कभी। वहाँ ऐसी युवतियों के लिए कल्याण केन्द्र खोल रही हूँ, जिनका जीवन बलात्कार के बाद लुंज-पुंज हो चुका है। उन्हें आत्मनिर्भर और मानसिक रूप से स्वस्थ बनाने के कार्यक्रम चलाए जाएँगे।

मल्लिनाग : वह केन्द्र तुम चलाओगी?

मेघाम्बरा : योग्य संरक्षिका को नियुक्त कर चुकी हूँ। आती-जाती रहूँगी। बड़ी राशि का निवेश स्वर्णकार संघ में कर दिया है। उसके ब्याज से केन्द्र सुचारु रूप से चलता हुआ कुछ वर्ष में आत्मनिर्भर हो जाएगा। *(भोजपत्र बढ़ाती है)* तुम उसके एक न्यासी बन जाओगे?

(मल्लिनाग उसे देखता है, हस्ताक्षर कर भोजपत्र वापस देता है)

मल्लिनाग : तुम अभी तक कुठरिया में ही रह रही हो?

(मेघाम्बरा हामी में सिर हिलाती है)

मल्लिनाग : अपने भवन में गयी भी नहीं?

मेघाम्बरा : गयी थी। क्या है कि सुविधाएँ आवश्यकता से अधिक हों, तो मुझे असुविधा हो जाती है।

(मल्लिनाग चुप है)

मेघाम्बरा : तुमने कोई टिप्पणी नहीं की?

मल्लिनाग : तुम्हारी जीवन-दृष्टि है। मैं क्या कह सकता हूँ!

मेघाम्बरा : तुम्हें मेरी जीवन-दृष्टि में रुचि नहीं?

मल्लिनाग : सम्पत्ति तुम्हारी, जीवन तुम्हारा, जीवन-दृष्टि तुम्हारी। मेरी रुचि-अरुचि असंगत है।

मेघाम्बरा : पर्याप्त उदासीन सुर में बोल रहे हो।

मल्लिनाग : जब जीवन बड़े परिप्रेक्ष्य में दिखाई देने लगता है, तो शायद ऐसा ही होता है।

मेघाम्बरा : तुम करते क्या हो?

मल्लिनाग : अच्छा प्रश्न है। स्वयं से पूछता रहता हूँ।

मेघाम्बरा : इस मोड़ तक आये कैसे?

मल्लिनाग : कुछ अपने चुनाव थे, कुछ विवशता थी।

मेघाम्बरा : *(संजीदगी से)* यही बात मेरे ऊपर भी लागू होती है।

मल्लिनाग : पर उसके आगे तुम्हारे साथ जो हुआ है, उसे कहते हैं चमत्कार! किरीट के पहले तुम असमर्थ थीं। धर्मशाला; आजीविका का बिल्कुल सामान्य उपाय। पच्चीस वर्ष बाद भी तुम्हारी क्या उपलब्धि होती? थोड़ा भला निवास; थोड़ी भली आजीविका। पर तुम प्रतियोगिता में पहुँची और तुम्हारा जीवन बदल गया! केवल चौबीस की आयु में तुम संसार की सारी चिन्ताओं से मुक्त हो चुकीं; अब विलक्षण चुनाव विलास तुम्हारे आँचल में है। तुम जैसे चाहो, अपनी जीवन-शैली का चुनाव कर सकती हो। मेरे पास चुनाव की शून्य सामर्थ्य है। मुझे दस लोगों से घृणा है। मैं फूटी आँखों उनकी सूरत नहीं देखना चाहता। लेकिन न केवल देखने को विवश हूँ, वरन् उनके लिए अपनी सच्ची भावना छिपाना भी अनिवार्य है। मुझमें घृणा करने की सामर्थ्य नहीं। तुम जिससे चाहो, घृणा कर सकती हो, वरन् उसके सामने उद्घोषणा कर सकती हो कि तुम उसका घटश्राद्ध कर चुकीं। और कोई तुम्हारा बाल भी बाँका नहीं कर सकता। अपनी ऊँची प्राचीरों के पीछे से तुम जिसे चाहो, अपने संसार से बहिष्कृत कर सकती हो। तुमने अपनी निजी सृष्टि बना ली है, जिसकी तुम ब्रह्मा हो।

मेघाम्बरा : मैं घृणा करती हूँ, तो केवल अपने-आप से और अपनी नियति से।

मल्लिनाग : जिससे तुम्हें ठेस पहुँची है, अब तुम उससे प्रतिकार कर सकती हो।

मेघाम्बरा : हर ठेस का प्रतिकार नहीं हो सकता।

(मल्लिनाग चुप है।)

मेघाम्बरा : कितने धन से तुम चुनाव की सुविधा जुटा सकते हो?

मल्लिनाग : *(असहज हो जाता है)* मैं सिद्धान्त रूप में अपना दृष्टिकोण बता रहा था।

मेघाम्बरा : दस कोटि? पच्चीस कोटि?

मल्लिनाग : विषय बदलो, कृपा करो...।

मेघाम्बरा : अगर तुम नहीं कहते, तो प्रतियोगिता में भाग लेने की बात मैं कभी सोचती भी नहीं।

मल्लिनाग : मैंने कहा इसी उद्देश्य से था कि आर्य कौटिल्य तुम्हें देख

और सुन लेंगे। किरीट तक की आकाशकुसुमी कल्पना मेरे भीतर कहीं थी भी नहीं।

मेघाम्बरा : अगर मैं प्रारम्भिक पारियों में ही बाहर हो जाती और प्रश्नोत्तर की नौबत आती ही नहीं, तो?

मल्लिनाग : किरीट भले ही न पाओ, पर प्रश्नोत्तर तक तुम पहुँचोगी, मुझे विश्वास था। मैंने देखा है, प्रतियोगिता का स्तर कैसा होता है।

मेघाम्बरा : अगर तुमको इतनी सम्पत्ति मिलती, तो तुम क्या करते? तुरन्त अपने भवन में जाकर रहने लगते? बड़े-बड़े आपानक भोज देते? मृगया कार्यक्रम बनाते, जल-विहार करते, क्रीड़ा-किल्लोल होता?

मल्लिनाग : *(जैसे स्वीकार करने के लिए विवश हो)* तुमसे मिलने के बाद यह सब नहीं कर सकता था। पहले यह सोचता कि किस दिशा में जा रहा हूँ, वहाँ अन्त कैसा मिलेगा—

(मेघाम्बरा पर मल्लिनाग के उत्तर का अनुकूल प्रभाव पड़ा है)

मेघाम्बरा : मेरे प्रबन्धक बन जाओ।

(मल्लिनाग चौंक कर उसे देखता है)

मेघाम्बरा : सलाह देना, कहाँ कितना निवेश करूँ, कहाँ किसे दान दूँ।

मल्लिनाग : इतना विश्वास है मेरे ऊपर?

मेघाम्बरा : *(हामी में सिर हिलाती है)* तुम मेरे साथ छल नहीं करोगे।

मल्लिनाग : दूसरे के साथ कर सकता हूँ?

मेघाम्बरा : हाँ।

(मल्लिनाग चुप है)

मेघाम्बरा : मुँह माँगा वेतन दूँगी।

मल्लिनाग : सोचकर बताऊँगा।

(अन्तिम संवाद से कुछ पहले कौटिल्य एक कोने से निकल कर दोनों को देख रहा है। गायक वृन्द का आलाप। मल्लिनाग विचारमग्न बैठा है, मेघाम्बरा जाती है, प्रस्थान से पहले मुड़कर मल्लिनाग को देखती है, मल्लिनाग को नहीं पता। जाती है)

कौटिल्य : *(क्रोध से)* मेघाम्बरा को अपनी प्रेम-पताका बनाकर फहराने का कार्यक्रम है?

मल्लिनाग : प्रेमांकुर फूट आया है उसके लिए।

कौटिल्य : तुम प्रतिबद्धता का क ख ग भी नहीं जानते।

मल्लिनाग : सीख रहा हूँ।

कौटिल्य : मैं तुम्हारी नस-नस पहचानता हूँ। तुम सनातन अर्थपिशाच... जैसे कुड़-कुड़ करते पेटवाला गिद्ध मरे सियार के मांस-पिंड को देखता है, वैसे ही तुम उसकी सम्पत्ति को देख रहे हो।

मल्लिनाग : मैं सुधर नहीं सकता?

कौटिल्य : नहीं।

मल्लिनाग : उसे पुरुष का प्रेम चाहिए।

कौटिल्य : अगर तुम प्रेम कर भी सकते हो, तो मेघाम्बरा को उससे विष के समान बचना चाहिए।

मल्लिनाग : उसे मेरे ऊपर जो विश्वास हो रहा है, वह खंडित नहीं होगा।

कौटिल्य : *(नाहीं में सिर हिलाता है)* कुछ भो हो, तुम्हें उसको किरीट बनाकर माथे पर नहीं सजाने दूँगा।

(मल्लिनाग वाले भाग में अन्धकार के साथ मेघाम्बरा कौटिल्य वाले क्षेत्र में आती है)

कौटिल्य : *(आरोप के सुर में)* तुम मल्लिनाग के निकट क्यों आती जा रही हो?

मेघाम्बरा : मेरा सच्चा शुभचिन्तक है।

कौटिल्य : वह अपने अतिरिक्त किसी का शुभचिन्तक नहीं।

मेघाम्बरा : मेरे पास भी दृष्टि है।

कौटिल्य : वह एक से एक दृष्टिवानों की आँखों में धूल झोंक सकता है।

मेघाम्बरा : उसके मन में मेरे लिए जो भावना है, मैं उसका प्रतिउत्तर दूँगी।

कौटिल्य : तुम दोनों की प्रकृति बिल्कुल विरोधी है।

मेघाम्बरा : विरोधी एक-दूसरे को अधिक आकर्षित करते हैं, बजाय समानों के।

कौटिल्य : अपने पाँवों में कुल्हाड़ी मत मारो!

मेघाम्बरा : आप तो मेरे गले पर मार चुके हैं।

कौटिल्य : तुम्हारे लिए अनुरूप वर मैं जुटाऊँगा।

मेघाम्बरा : आपके हाथ से मुझे चिता की अग्नि भी नहीं चाहिए। *(जाने लगती है)*

कौटिल्य : *(विवश पुकार लगाता है)* मल्लिनाग आघात के सिवा और कुछ नहीं देगा तुम्हें!

(यहाँ अन्धकार के साथ नदी किनारे बैठे मल्लिनाग पर प्रकाश होता है। मेघाम्बरा 'कामसूत्र' लिये उत्साह से आती है)

मेघाम्बरा : *(दिखाती है)* मुझे तो विभोर कर दिया 'कामसूत्र' ने। तुमने

पढ़ा है?

मल्लिनाग : *(असहज हो जाता है)* एकाध पृष्ठ पलटा है।

मेघाम्बरा : अब इसी जिज्ञासा पर साँस रुकी है मेरी। कौन होगा उसका लेखक?

मल्लिनाग : क्या हो गया है तुम्हें? वात्स्यायन है!

मेघाम्बरा : क्या हो गया है तुम्हें? वह छद्म नाम है।

मल्लिनाग : *(क्षितिज की ओर देखते हुए)* आहा, लालिम अल्पना तो देखो।

मेघाम्बरा : *(उसकी बात पर ध्यान नहीं देती)* अज्ञात क्यों रखा स्वयं को? कितने बड़े गौरव से वंचित रह गये!

मल्लिनाग : 'कामशास्त्र' के कौन-से ग्रन्थकार को गौरव मिला है?

मेघाम्बरा : वे सतही उत्तेजना के जनक हैं, जबकि 'कामसूत्र' में प्रेम-विवेचन एक सम्पूर्ण जीवन-शैली है और उस प्रेम को जीवन दृष्टि की सम्पूर्णता में देखा गया है। वास्तव में 'कामसूत्र' 'नाट्यशास्त्र' और 'अर्थशास्त्र' की परम्परा का गौरव-ग्रन्थ है। अगर मैं शासन सँभालूँ, तो निर्देश दूँगी कि हर नये जोड़े को 'कामसूत्र' उपहार में दिया जाए और उनके सुहाग कक्ष में जाने से पहले प्रेमाधिकारी उनका साक्षात्कार ले—*(परीक्षक के सुर में)* चौंसठ कलाओं में 32वीं कला कौन-सी है? आसन क्रमांक 27 बताइए? अगर नायिका हस्तिनी हो और पुरुष वृषभ, तो उनके लिए कौन-सा आसन उपयुक्त होगा और क्यों? केवल एक प्रश्न का उत्तर सही दिया है आप दोनों ने। अभी आप दोनों कामक्रीडा के योग्य नहीं। सुरक्षा कर्मी, इनको अलग रखा जाए, चौबीस घंटे इन पर आँख रहेगी। छै महीने तक आप दोनों मनोयोग से 'कामसूत्र' का अध्ययन कीजिए, साक्षात्कार में अगर दूसरी बार सफल हो गये तो क्रीडा की अनुमति मिल जाएगी।

(किलकारी मारती है, मल्लिनाग मुस्कुराता है)

मेघाम्बरा : कुछ शंकाएँ हैं मेरी। ग्रन्थकार कहाँ पकड़ में आ सकते हैं?

मल्लिनाग : *(असहज हो जाता है)* कैसी शंकाएँ?

मेघाम्बरा : जलविहार आर्यावर्त की पुरानी आनन्द-शैली रही है। कृष्ण जलक्रीडा करती गोपियों के साथ कैसे रस ठिठोली करते थे! गंगा पावन है, इसलिए कामप्रसंग में उसका निषेध समझ में

आता है, लेकिन पूरी जलक्रीडा को ही निषिद्ध क्यों किया गया है?

मल्लिनाग : किनारे से कोई देख सकता है, शायद इसलिए।

मेघाम्बरा : उसके लिए आवरण लगाए जा सकते हैं।

मल्लिनाग : सामान्य नागरिक कितने आवरण लगा सकता है?

मेघाम्बरा : ग्रन्थ में जगह-जगह सामान्यीकरण किया गया है, जो हास्यास्पद हो गया है, जैसे लाट देश के पुरुष स्त्री की नाभि को भी चूमते हैं। क्यों दूसरे भू-भागों के पुरुष, उदाहरण के लिए विदर्भ के, ऐसा नहीं करते? और अगर लाट देश के पुरुषों का नाभि पर एकाधिकार मान भी लिया जाए, तो यह क्यों नहीं स्पष्ट किया गया कि वे ऐसा क्यों करते हैं? क्या लाट देश की स्त्री की नाभि अधिक कामोद्दीपक होती है?
(किलकारी मारती है। मल्लिनाग निरुत्तर है)

मेघाम्बरा : सम्पुटिक चुम्बन तभी हो सकता है, जब पुरुष के मूँछें न हों।

मल्लिनाग : क्या तुमने बिना मूँछों वाले पुरुष के साथ सम्पुटिक की परीक्षा की है?

मेघाम्बरा : बिना मूँछों वाली सखी के साथ की है। (किलकारी मारती है) हाँ, एक टिप्पणी अवश्य बहुत मार्मिक है। लगता है, ग्रन्थकार की अपनी चुभन है।
(मल्लिनाग असहज हो जाता है)

मेघाम्बरा : पुरुष, चाहे वह कितना ही गुणवान हो, और कामशैया पर स्त्री द्वारा धिक्कारा जाता है, तो यह उसका मरण है।
(मल्लिनाग कुछ मलिन हो जाता है)

मेघाम्बरा : क्या बात है?

मल्लिनाग : कुछ नहीं।

मेघाम्बरा : मैंने 'कामसूत्र' के लेखक का मन-ही-मन एक चित्र बनाया है।

मल्लिनाग : अच्छा?

मेघाम्बरा : वृद्ध होंगे या कम-से-कम अधेड़ तो होंगे ही।

मल्लिनाग : क्यों?

मेघाम्बरा : विवेचन में तटस्थता है। विषय पर पकड़ है, लेकिन उसमें आनन्द लेने की प्रवृत्ति नहीं। ऐसा संयम युवकों में कैसे मिल

सकता है? आवेग और उत्तेजना से ऐसे सारगर्भित निष्कर्ष निकालने का विवेक और अन्तर्दृष्टि—नहीं, युवक नहीं हो सकता—और उसे स्त्री-समुदाय का व्यापक अनुभव भी अनिवार्य है। कितनी बार प्रेम किया होगा उसने? और भाँति-भाँति की कितनी स्त्रियों के साथ? चारों कोटियों की कितनी नायिकाओं की प्रणय-लीला से प्रमुदित हुए होंगे ग्रन्थकार? भौगोलिक क्षेत्र से प्रेम-किलोल में किस तरह की और कैसी विशेषताएँ आ जाती हैं, इस बात का ज्ञान घर बैठे तो हो नहीं सकता। कहाँ-कहाँ की धूल फाँकी होगी अनुराग योद्धा ने! पुष्कल की पद्मिनी, मलयाचल की चित्रिणी, लौहित्य की शंखिनी, और दशपुर की हस्तिनी!

मल्लिनाग : *(को अच्छा नहीं लगता)* हस्तिनी भी?

मेघाम्बरा : कम-से-कम एक तो अवश्य रही होगी। जीवन भर का रस संचार है, जो अनुराग सन्त ने तटस्थ भाव से परोस दिया कि आओ, आस्वादन करो। *(जैसे ग्रन्थकार से संवाद कर रही हो)* 'कामसूत्र'-प्रणेता, मैं तुम्हारे साथ प्रणय सम्बन्ध बनाने के लिए व्यग्र हूँ केलि-कुशल! *(ग्रन्थकार के सुर में गम्भीर भाव से)* नहीं कामिनी, अब मैं आनन्द पथ का पथिक नहीं रहा, तुमको कामना-पूर्ति के लिए किसी और का उत्तरीय थामना होगा। *(अपनी भूमिका में आवेग से)* नहीं केलि-कूटनीतिज्ञ, तुम्हारे साथ ही अपनी जोड़ी बनाने की कामना है—नागिन की तरह फनफनाती हुई, सागर-ज्वार की तरफ उफनाती हुई—मेरे प्रणय-निवेदन की लाज रखो प्रेम-क्षत्रप! *(मल्लिनाग को मुस्कान से देखती है। वह भी मुस्कुराता है)*

मेघाम्बरा : *(गम्भीर हो जाती है)* तुम्हारे पीछे प्रेमिकाओं की कितनी लम्बी शृंखला है?

मल्लिनाग : उसके लिए ऐसा बाप चाहिए होता है, जो छलकता कोष छोड़कर मरे।

मेघाम्बरा : *(चाबियों का गुच्छा बढ़ाती है)* मैं प्रबन्धक के रूप में तुम्हें अपने कोष की कुंजियाँ सौंप रही हूँ।

मल्लिनाग : मैं यह पद स्वीकार नहीं कर सकता।

मेघाम्बरा : आवास, रथ और छै शून्य वाले वेतन के साथ और कौन-सी सुविधाएँ चाहिए तुम्हें?

मल्लिनाग : मैं निवेश के बारे में कुछ नहीं जानता।

मेघाम्बरा : मैं जानती हूँ। मैंने भूखंड और वस्त्रोत्पादन में निवेश कर दिया है।

मल्लिनाग : मैं प्रबन्धन के बारे में भी कुछ नहीं जानता।

(गायक-मंडली धीमा आलाप लेती है)

मेघाम्बरा : चार दिन में सिखा दूँगी। एक विश्वस्त व्यक्ति चाहिए मुझे, बस।

मल्लिनाग : तुम स्वयं सब कर सकती हो।

मेघाम्बरा : मैं यात्रा पर रहूँगी।

(सूत्रधार और कौटिल्य का निःशब्द प्रवेश। मेघाम्बरा-मल्लिनाग को देख रहे हैं)

मल्लिनाग : सूत्रधार को ले लो। बड़े सज्जन हैं।

मेघाम्बरा : पर मैं उनको नहीं जानती।

मल्लिनाग : मुझे कितना जानती हो?

मेघाम्बरा : तुम्हारी आँखों में मेरे लिए क्या है, मैं पढ़ सकती हूँ।

मल्लिनाग : क्षमा करो। मैं यह पद स्वीकार नहीं कर सकता।

मेघाम्बरा : मेरे तथाकथित पिता ने तुमसे कुछ कहा है?

मल्लिनाग : नहीं।

मेघाम्बरा : मिथ्या क्यों बोल रहे हो?

मल्लिनाग : किरीट के बाद सब कुछ उलझ गया है। अब जो मैं कहूँगा, उसका लक्ष्य कुछ और माना जाएगा।

मेघाम्बरा : मैं सच्चा लक्ष्य समझ सकती हूँ।

(मेघाम्बरा गम्भीर भाव से उसे देख रही है, अचानक मल्लिनाग का हाथ पकड़ कर कंगन पहना देती है)

मल्लिनाग : *(स्तब्ध रह जाता है)* यह क्या किया?

कौटिल्य : *(विलाप-सा करता है)* केवल मुझे ठेस पहुँचाने के लिए किया है!

(मल्लिनाग मेघाम्बरा को आरोपी दृष्टि से देखता है)

मल्लिनाग : वह सच कह रहे हैं।

मेघाम्बरा : नहीं। तुम मेरे एक और अकेले विश्वासपात्र हो।

मल्लिनाग : *(भड़क जाता है)* नहीं, बाप-बेटी अपनी लड़ाई में मुझे मोहरा बना रहे हैं।

मेघाम्बरा : *(बलपूर्वक)* नहीं, तुम्हारे लिए मेरे भीतर भावनांकुर फूट पड़ा है।

मल्लिनाग : इतनी जल्दी मेरे भीतर फूट सकता है, तुम्हारे भीतर नहीं।

मेघाम्बरा : अंकुर फूटने की कोई अवधि नहीं होती।

मल्लिनाग : पहले मुझसे पूछा क्यों नहीं?

मेघाम्बरा : भूल हुई, पर अब तो हो चुकी।

कौटिल्य : इस भूल का घनघोर मूल्य चुकाने के बाद ही खुलेंगी तुम्हारी आँखें!

मल्लिनाग : उसकी नौबत नहीं आएगी तात! मैं कंगन को अस्वीकार करता हूँ।

मेघाम्बरा : *(मल्लिनाग को चेतावनी देती है)* कंगन अस्वीकार की प्रथा नहीं।

मल्लिनाग : यह अन्यायी प्रथा बनायी किसने?

मेघाम्बरा : *(मल्लिनाग से)* तुरन्त सौगन्ध दुहराओ।

(मल्लिनाग चुप है। दूसरी ओर दो सुरक्षा कर्मी बात करते दिखाई देते हैं)

सूत्रधार : दुहराओ मल्लिनाग! अब तुम्हारे सामने और कोई विकल्प नहीं।

मेघाम्बरा : सुरक्षाकर्मियों को बुलाऊँ?

(मल्लिनाग खड़ा हो जाता है)

कौटिल्य : *(मेघाम्बरा से)* यह सुनाने से पहले मेरे कानों में खौलता पारा उड़ेल दो!

मेघाम्बरा : *(उसको गुस्से से देखकर मल्लिनाग को देखती है)* बोलो!

मल्लिनाग : मैं मन, वचन, और कर्म से इस कंगन की मर्यादा निभाऊँगा। मेरे हृदय, चेतना, और आत्मा पर इस कंगन का एकाधिपत्य होगा। अगर मैं मर्यादा तोड़ने का दोषी बनूँ, तो मेरी वही गति हो, जो महादेव का तीसरा नेत्र खुलने के बाद कामदेव की हुई थी।

(अचानक झुण्ड एक युवक को पीटता हुआ आता है)

युवक : छोड़ दो, अब ऐसा भयंकर अपराध नहीं होगा—मेरी मति मारी गयी थी—दया करो मुझ पर...।

पुरुष-1 : *(और जोर से पीटते हुए)* तुझ पर और दया?

सूत्रधार : क्या हुआ?

पुरुष-3 : धूल में मिल गया हमारे परिवार का सम्मान! मेरी छोटी बहन ने इस नराधम को रति का कंगन पहनाया था।

पुरुष-2 : अभी हमने इसे रंगे हाथों पकड़ा है—एक स्त्री के साथ रंगरेलियाँ मनाते हुए।

युवक : एक बार तो ईश्वर भी क्षमा कर देता है।

पुरुष-1 : *(पीटते हुए)* कंगन-मर्यादा का उल्लंघन करने वाले को नहीं।

युवक : *(परम कातरता से)* मैं पत्नीव्रत की सौगन्ध खाता हूँ। अब कभी पराई स्त्री को देखूँ, तो कोढ़ फूटे मुझे!

पुरुष-2 : अब जो कहना है, न्यायालय में कहना।

युवक : मेरे नाक-कान काट दिये जाएँगे। अजनबी भी मुझे देखते ही समझ जाया करेंगे कि कंगन-मर्यादा तोड़ने का अपराधी है!

पुरुष-1 : तुम समझ नहीं सकते, यह देखकर हम कितने पुलकित होंगे!

युवक : मताधिकार से वंचित हो जाऊँगा।

पुरुष-2 : तुमने अपनी दुर्मति का उपयोग तो कर लिया है।

युवक : कोई मुझसे व्यावसायिक और पारिवारिक सम्बन्ध नहीं रखेगा। कोढ़ी जैसा अछूत मत बनाओ मुझे। जीते-जी मत मारो...
(झुंड उसे मारते हुए ले जाता है)

झुण्ड : *(समवेत)* रति-कंगन दोष का पापी है/हा हन्त, विकट अभिशापी है—
(मेघाम्बरा और कौटिल्य मल्लिनाग को देखते हैं, मल्लिनाग का पहले, फिर दूसरों का प्रस्थान। प्रकाश-व्यवस्था बदलती है। अब कई प्रेमी जोड़े भिन्न-भिन्न प्रेम-मुद्राओं में जहाँ-तहाँ बैठे हैं। मदिरालय स्वामी का रोते हुए प्रवेश)

मदिरालय स्वामी : अरे लुट गया, पिट गया, मिट गया—

पहला : क्या हुआ मदिरालय स्वामी?

मदिरालय स्वामी : नया प्रशासन आने के बाद मदिरालय में भिनक रही हैं मक्खियाँ—

दूसरा : आपानक प्रेमी कहाँ गये?

मदिरालय स्वामी : आते हैं और नये नियम सुनकर पिए बिना भाग जाते हैं।

पहला : क्या नियम हैं?

मदिरालय स्वामी : केवल एक चषक विधि की परिधि में है और उसके लिए भी राजपत्रित वैद्य से अनुमति-पत्र चाहिए। साथ माता-पिता या पत्नी के हस्ताक्षर भी कि उनको आपत्ति नहीं।
(लोग हँसते हैं)

मदिरालय स्वामी : मधुबालाओं को रखना निषिद्ध है अब।

एक हँसोड़ : नैनों से पिलाना भी विधि के विरुद्ध है!
(नगाड़ा पीटते हुए राजकर्मचारी का प्रवेश। पीछे सुरक्षाकर्मियों

के साथ अकड़ता हुआ वियोगी। संवाद के दौरान प्रेमी जोड़ों को ध्यान से घूरता है)

राजकर्मचारी : नागरिको, सावधान! प्रशासन ने एक नये सत्तापीठ की स्थापना की है—*(वियोगी की ओर संकेत करता है)* नैतिक दंडाधिकारी—

(वियोगी अदा से दो-चार का प्रणाम स्वीकार करता है)

राजकर्मचारी : प्रेमियो, सावधान! एक-दूसरे की कटि पर हाथ रखना आचार-संहिता के विरुद्ध है। बैठ सकते हैं, पर कम-से-कम पाँच अंगुल का अन्तर अनिवार्य है। जो जोड़ा स्पर्श करते हुए पकड़ा जाएगा, उसे एक से लेकर तीन वर्ष तक का कारावास। जो चुम्बन-लीन पाया जाएगा, उसे तत्काल पाँच वर्ष का सश्रम कारावास—

(एक प्रेमी प्रेमिका के कपोलों पर हथेलियाँ रखे उसे एकटक देख रहा है, प्रेमिका भी जैसे मन्त्रविद्ध है)

वियोगी : *(जोड़े की ओर संकेत करता है)* उनके बीच की दूरी मापो—

(दो सुरक्षाकर्मी दौड़ते हैं, पहला देखता है कि नापने की गुंजाइश नहीं)

पहला सुरक्षाकर्मी: *(वियोगी से)* आरोप बनता है मान्यवर!

(जोड़ा प्रेमलीन है)

वियोगी : *(प्रेमी से)* अभी-अभी तुम दोनों के बीच चुम्बन-लीला सम्पन्न हुई थी?

प्रेमी : *(बिना उसे देखे)* हाँ, हुई थी, फिर होगी, और होती रहेगी।

(प्रेमिका पहले की भाँति प्रेमलीन उसे देख रही है)

वियोगी : ले चलो दोनों को!

(सुरक्षाकर्मी प्रेमी को थपकी मारता है)

प्रेमी : *(भड़क जाता है)* रंग में भंग किया, तो तेरे बत्तीस दाँत उखाड़ कर हथेली पर रख दूँगा!

(सुरक्षाकर्मी प्रेमी-प्रेमिका को नियन्त्रण में लेने लगते हैं)

प्रेमी : *(को अब झटका लगता है)* क्या हो रहा है यह?

वियोगी : सार्वजनिक स्थल पर दुराचार, अपना कर्तव्य निभाते राजकर्मचारी का अपमान और शरीरहानि की धमकी—पूरे दस साल के लिए अन्दर हो जाओगे।

(सुरक्षाकर्मी दोनों को ले जाते हैं। दो पुरुष मित्र एक-दूसरे

के गले में हाथ डाले, बात करते आ रहे हैं। वियोगी उन्हें घूर कर देखता है। सुरक्षा कर्मचारियों को संकेत करता है। वे घेर लेते हैं)

मित्र-1 : हमने क्या किया है श्रीमान?

वियोगी : समलैंगिक प्रेम के कीटाणु फैलाते हो? मरुभूमि में पच्चीस वर्ष सपरिश्रम कारावास!

मित्र-2 : हम समलैंगिक नहीं।

वियोगी : पत्नी का प्रमाण-पत्र दिखाओ।

मित्र-2 : अभी कुँआरा हूँ।

वियोगी : प्रेमिका का प्रमाण-पत्र दिखाओ।

मित्र-2 : प्रेमिका नहीं है।

वियोगी : *(मुस्कुराता है)* समलैंगिक हो, इसीलिए तो नहीं है!

मित्र-2 : आपको भ्रम हुआ है श्रीमान! मैं तो स्त्रियों से प्रेम करने वाला बिल्कुल सामान्य पुरुष हूँ।

वियोगी : *(मुस्कुराता है)* अपने-आप फँस गया! एक से अधिक स्त्रियों से प्रेम करना आचार-संहिता के विरुद्ध है।

मित्र-2 : मेरा अभिप्राय यह था कि स्त्रियाँ मुझे रुचिकर लगती हैं, यह नहीं कि मैं एक से अधिक स्त्रियों से प्रेम करता हूँ।

वियोगी : प्रेम-सखा हो तुम दोनों! तुम्हारे चेहरे पर लिखा है।

मित्र-1 : मैं विवाहित हूँ श्रीमान!

(कौटिल्य का चुपचाप प्रवेश। अलक्षित खड़ा देख रहा है)

वियोगी : तो क्या विवाहित समलैंगिक नहीं होते? तुमने अपनी काम-प्रकृति विवाह के बाद पहचानी। इस प्रकार अपराध दुगुना हो गया। ले चलो भगिनी-प्रेमियों को!

मित्र-1 : *(कातर होकर)* अपनी पत्नी से मेरे बिल्कुल सामान्य सम्बन्ध हैं। उनकी गवाही ले लीजिए।

वियोगी : तो हाथ थामे क्यों खड़े थे दोनों?

मित्र-1 : यह बहुत दुखी थे। मैं इन्हें धीरज बँधा रहा था।

वियोगी : क्यों बँधा रहे थे धीरज?

मित्र-1 : व्यापार में घाटा हो गया, संकट आये, तो मित्र ही मित्र के काम आता है न!

वियोगी : बन्दीगृह में मैत्री की आवश्यकता अधिक होगी— *(सुरक्षा कर्मचारी से)* सीधे मरुभूमि भेजो दोनों को— *('कैसी मरुभूमि*

भेजो?', 'शासन-व्यवस्था है या ठिठोली?' जैसी आपत्ति करते हुए दोनों को ले जाया जाता है। एक पुस्तक-विक्रेता का प्रवेश)

पुस्तक-विक्रेता : *(पुकार लगाता हुआ आता है)* 'रति-रहस्य' ले लो—'रंगीन नायिका' ले लो... 'कामसूत्र' ले लो!—

(कौटिल्य वियोगी के पास आता है)

कौटिल्य : आपके होते हुए यह क्या हो रहा है?

वियोगी : 'कामसूत्र' के लेखक को पकड़ने के लिए मैं वैसे ही व्याकुल हूँ, जैसे अँगूठी पाने के बाद दुष्यन्त शकुन्तला को पाने के लिए था।

(कौटिल्य उसके कान में कुछ फुसफुसाता है। प्रकाश-व्यवस्था बदलने के साथ सन्दीपन को पकड़े सुरक्षाकर्मी आते हैं, कौटिल्य जा चुका है)

सन्दीपन : मुझे क्यों बुलाया श्रीमान?

वियोगी : साँस लीजिए।

सन्दीपन : ले रहा हूँ।

वियोगी : गहरी साँस लीजिए।

(सन्दीपन गहरी साँस लेता है)

वियोगी : वायु की प्रकृति में पहले से कुछ अन्तर लगता है?

सन्दीपन : कैसा अन्तर?

वियोगी : वातावरण में कुछ शुद्धि आ गयी है, क्योंकि दुराचार के कीटाणु थोड़े घट गये हैं, शुद्धि की मात्रा और बढ़ सकती है, अगर आप हमारी सहायता करें।

सन्दीपन : सफाई अभियान का मुझे कोई अनुभव नहीं।

वियोगी : हमें 'कामसूत्र' का लेखक चाहिए।

सन्दीपन : वह तो अज्ञात है।

वियोगी : दूसरों के लिए होगा। आप तो जानते हैं उसे।

सन्दीपन : मैं भी नहीं जानता।

वियोगी : पांडुलिपि कैसे मिली?

सन्दीपन : सन्देशवाहक लाया था।

वियोगी : आप जिस पते पर उसे सन्देश भेजते हैं, दीजिए।

सन्दीपन : मैं सन्देश तभी भेज सकता हूँ, जब सन्देशवाहक आता है। वह पता नहीं छोड़ता। भुगतान भी वही ले जाता है।

वियोगी : अनुबन्ध दिखाइए।

सन्दीपन : वह तो किया नहीं।

वियोगी : क्या बोल रहे हैं आप?

सन्दीपन : आर्यावर्त में लेखक-प्रकाशक अनुबन्ध का कोई अर्थ नहीं। कभी याद आ गया, तो कर लेंगे। एक कोने में पड़ा धूल खाता रहेगा। *(सोचता है)* 'कामसूत्र' के लेखक से आपका कौन-सा काम अटक गया?

वियोगी : उसका ऐसा सार्वजनिक अभिनन्दन करना है कि आर्यावर्त के इतिहास में अमर हो जाए।

सन्दीपन : *(मुस्कुराता है)* अरे, पहले क्यों नहीं कहा...।

(वियोगी के कान में फुसफुसाता है। करुण आलाप व दोनों के प्रस्थान के साथ प्रकाश-व्यवस्था बदलती है। सैनिक मल्लिनाग को बन्दी बनाए ले जा रहे हैं। कौटिल्य खड़ा देख रहा है। मल्लिनाग से नजर मिलती है, मल्लिनाग आगे बढ़ जाता है। मंच के दूसरे भाग में मेघाम्बरा का प्रवेश। मल्लिनाग मेघाम्बरा के सामने रुकता है)

मेघाम्बरा : मैंने तुम्हारे सामने जिज्ञासा रखी थी कि कौन हो सकता है 'कामसूत्र' का लेखक। तुम्हारे ओठ सिले क्यों रहे?

मल्लिनाग : तुम इस सन्देह को लेकर मलिन हो सकती थीं कि स्त्रियों को लेकर मेरा अनुभव अराजक है।

मेघाम्बरा : वह सन्देह ही होता?

मल्लिनाग : देख लो। अभी भी क्रोध कर रही हो। लिखा है मेरे माथे की रेखाओं में—स्त्री मुझे सदा पीड़ित करेगी। मैं कुछ भी करूँ, परिणाम वही होगा—आरोप दंड, प्रतारणा।

मेघाम्बरा : जो प्रतारणा का पात्र होगा, वह प्रतारणा ही पाएगा।

मल्लिनाग : मैं बदल रहा था। स्थिति सामान्य रहती, तो हमारा सम्बन्ध सामान्य रूप से विकसित होता। तुम्हारे किरीट ने सब गुड़ गोबर कर दिया। *(अन्तिम पंक्ति के बीच कोकिला का प्रवेश। मल्लिनाग और कोकिला की नजर मिलती है। फिर कोकिला मेघाम्बरा को देखती है, मेघाम्बरा कोकिला को। सैनिक मल्लिनाग को ले जाते हैं। मेघाम्बरा व कौटिल्य का प्रस्थान। प्रकाश-व्यवस्था बदलने के साथ कोकिला तेजी से अपने घर आती है। सन्दीपन हिसाब बही देख रहा है)*

कोकिला : *(उत्तेजित)* मैं जानती हूँ कि तुम घनघोर पतित हो, पर इतना नीचे गिर सकते हो, ऐसी आशंका मुझे भी नहीं थी।

सन्दीपन : *(बनावटी भोलेपन से)* क्या पहेली बुझा रही हो प्राणेश्वरी?

कोकिला : *(दाँत पीसती है)* मैं तुम्हारी नस-नस पहचानती हूँ हृदय-सम्राट!

सन्दीपन : *(मुस्कराता है)* उमंग से बल्लियों उछल रहा है मन! वह लम्बे समय के लिए कारावास में होगा और मैं खुलकर खेलूँगा! पच्चीस लाख प्रतियाँ बेचूँगा और पाँच सहस्त्र का हिसाब दूँगा! उस लम्पट ने कितना सताया है मुझे--तुम्हारी कृपा से!

कोकिला : लेखक-प्रकाशक का सम्बन्ध बहुत पावन होता है।

सन्दीपन : इससे घिनौना, कुत्सित, और वीभत्स सम्बन्ध दूसरा नहीं होता। कोरे पृष्ठ भरकर ले आये और चढ़ गये छाती पर कि मैं पन्द्रह प्रतिशत लूँगा, आवरण ऐसा होगा, साजसज्जा वैसी होगी।

कोकिला : उन भरे पृष्ठों के कारण ही बिक्री होती है।

सन्दीपन : बिक्री के लिए हम जो हथकंडे अपनाते हैं, वे ग्रन्थकार की रचनात्मकता से बहुत ऊँचे, बहुत गहन, और बहुत मौलिक होते हैं।

कोकिला : लेखक के साथ तुम्हारा व्यावसायिक ही नहीं, भावनात्मक सम्बन्ध भी है। उसका तो सम्मान करो।

सन्दीपन : कैसी भावना?

कोकिला : सौन्दर्यबोध के ऊँचे मूल्यों के साथ जुड़े होने का सखा भाव...।

सन्दीपन : *(कुपित होकर)* तुम कौन-से भाव में उसकी सखी हो, जो तुम्हें इतनी पीड़ा हो रही है?

(कोकिला कुटिल कामातुर मुस्कान से अँगड़ाई लेती है, उसके बीच अचानक रुक उसे क्रोध से देखती हुई चली जाती है। प्रकाश-व्यवस्था बदलती है। मल्लिनाग बन्दीगृह में। सन्दीपन आता है)

मल्लिनाग : क्यों, दिखा दी जात?

सन्दीपन : लगे हाथों मेरा कुछ लाभ हो गया बन्धु, तो तुम्हारे कलेजे से धुआँ क्यों निकल रहा है? तुम्हारा तो जगत मिथ्या ब्रह्म सत्यम् होना ही था। तो सच्चे मित्र के नाते तुम्हें मेरे कूटकौशल पर गर्व होना चाहिए। *(अदा से मल्लिनाग की नकल करते हुए)* मैं बिना अपने लाभ के उँगली भी नहीं हिलाता! *(सामान्य*

भाव से) यह सुभाषित मैंने किससे सीखा है? अब जब तुम्हारी उस पगडंडी को मैंने राजमार्ग बना लिया, तो तुम लाल-पीले हो रहे हो!

मल्लिनाग : भूल हुई।

सन्दीपन : *(उसकी ओर देखता है, भावुक हो जाता है)* तुम्हारे बिना मैं कैसे रहूँगा मित्र? तुम मेरी आत्मा के सहचर और भावना के सहयात्री हो। तुम्हारे बिना मैं अपनी मृत्यु की कल्पना कर सकता हूँ, अपने जीवन की नहीं।

मल्लिनाग : मेरे लेखकीय शुल्क का हिसाब लाये हो?

सन्दीपन : *(स्तब्ध रह जाता है)* अब तुम उसका करोगे क्या? किस कामिनी को कर्णफूल का प्रेमोपहार दोगे?

मल्लिनाग : कुछ भी करूँ, तुम्हें क्या?

सन्दीपन : देखो, भूलोक में तुम्हारी लीला पर पर्दा गिर चुका। अब कम-से-कम उस लोक में तो अपनी गति सुधार लो। अब तुम कारावास से खड़े-खड़े नहीं, चार कन्धों पर लेटे-लेटे निकलोगे *(रसीद दिखाता है)* तभी मैंने तुम्हारी चिता के लिए चन्दन लकड़ी की व्यवस्था कर दी है। गाँठ ढीली हो गयी, पर माथे पर शिकन नहीं। तुम्हारे जैसा आत्म-सखा बार-बार थोड़े ही महाप्रस्थान करता है!

मल्लिनाग : जब तक तुम बिक्री का हिसाब नहीं दिखाओगे, मैं उस लोक में अपनी गति सुधारने के लिए कुछ नहीं करने वाला।

सन्दीपन : रौरव नरक में तेल का खौलता कड़ाह तुम्हारी प्रतीक्षा में बुद-बुद कर रहा है और तुम हिसाब के लिए मरे जा रहे हो। *(भोजपत्र देता है)* लो, चाटो।

मल्लिनाग : *(हिसाब देखता है)* तुमने केवल दस सहस्र प्रतियों का संस्करण निकाला है?

(सन्दीपन हामी में सिर हिलाता है)

मल्लिनाग : एक लक्ष प्रतियों का ठेका तो तुमने केवल श्रीचन्द और उसकी सुलेखक मंडली को दिया था।

(सन्दीपन इनकार में सिर हिलाता है)

मल्लिनाग : मुंडी क्या हिला रहे हो? भुगतान न देने से तुम्हारी जीभ मल्लयोद्धा सुलेखक ने काट ली?

सन्दीपन : बाद में श्रीचन्द को मालूम हुआ कि उसकी मंडली दूसरे

प्रकाशक के साथ व्यस्त है। सो उसने केवल एक सहस्त्र प्रतियों का अनुबन्ध किया था।

मल्लिनाग : श्रीचन्द ने मुझे स्वयं एक लक्ष की संख्या बतायी थी।

सन्दीपन : जैसा कि मैंने निवेदन किया, उसको मंडली के बारे में मालूम होने से पहले की बात होगी।

मल्लिनाग : मैं श्रीचन्द को यहाँ बुलवाता हूँ। तुम्हारी सारी कलई एक पल में खुल जाएगी।

सन्दीपन : छै मास बाद मुझे श्रीचन्द के आने की सूचना भेज देना। मैं आ जाऊँगा।

मल्लिनाग : तुम भांग का सेवन करने लगे हो?

सन्दीपन : *(मुस्कान से)* श्रीचन्द दस दिन पहले विराटनगर में नियुक्ति पाकर पलायन कर गया है।

मल्लिनाग : इसीलिए तुम सिंह की तरह छाती फुला रहे हो?

सन्दीपन : परम मित्र, तुम्हारे हृदय में जो काला है, उसकी औषधि कहाँ से लाऊँ?

मल्लिनाग : *(भोजपत्र पढ़ता है)* तुमने आठ सहस्त्र सात सौ पच्चीस प्रतियाँ भेंट में दी हैं?

सन्दीपन : प्रचार के लिए देनी पड़ती हैं—समीक्षक, पुस्तकालय, विभागाध्यक्ष, नगरवधू, राजकीय विभागों के थोक खरीद प्रबन्धक...

मल्लिनाग : तुमने अब तक केवल सवा दो सहस्त्र सजिल्द और तीन सहस्त्र अजिल्द प्रतियाँ बेची हैं?

सन्दीपन : अपनी भावी सन्तान के सिर पर हाथ रखकर सौगन्ध खाता हूँ।

मल्लिनाग : मैं मरने के बाद भी नहीं मान सकता।

सन्दीपन : सन्देह की औषधि तो धन्वन्तरि के पास भी नहीं।

मल्लिनाग : जब तक तुम शुल्क की भरपाई नहीं करोगे, मैं तुम्हारा पीछा नहीं छोड़ूँगा।

सन्दीपन : *(धिक्कार भाव से)* तुम्हारे जैसा निर्लज्ज भूलोक पर दूसरा न था, न है, न होगा। *(ज़रा-सी थैली बढ़ाते हुए)* यह लो।

मल्लिनाग : *(देखता है, लेता नहीं)* इससे छोटी थैली नहीं मिली?

सन्दीपन : पचास सहस्त्र बोरे चाहिए तुम्हें?

मल्लिनाग : मैं प्रेत बनकर भूखे गिद्धों के झुंड की तरह परमहंस प्रकाशन

पर मँडराया करूँगा।

सन्दीपन : *(मुस्कुराता है)* तुमसे पहले और भी मँडरा रहे हैं! मैं चैन से लम्बी तानकर सोता हूँ।

मल्लिनाग : मैं न्यायालय में जाऊँगा कि इस नराधम ने कम-से-कम पच्चीस कोटि प्रतियाँ बेची हैं और सवा पाँच सहस्र का हिसाब दे रहा है।

सन्दीपन : प्रमाणित कैसे करोगे?

मल्लिनाग : कोकिला को अपना गवाह बनाकर!

सन्दीपन : *(चोट खा जाता है)* पुरुषों की लड़ाई में अंगिया और मेखला के पीछे से वार करोगे? इतनी नीच है तुम्हारी नैतिक दृष्टि?

मल्लिनाग : तुम्हारी जितनी उच्च है, मेरी उतनी ही नीच तो होगी ही।

सन्दीपन : *(चलने लगता है)* तुम्हारे जैसे के मुँह लगना मुझे शोभा नहीं देता।

मल्लिनाग : इतनी सरलता से पीछा छुड़ा लोगे? ऐसी भ्रान्ति मत पालना।

सन्दीपन : *(मुस्कुराता है)* पहले तुम कारावास से छूटकर तो दिखाओ। *(विवश मल्लिनाग जाली पर घूँसे मारता है। सन्दीपन का प्रस्थान। प्रकाश-व्यवस्था बदलती है। न्यायालय। वियोगी न्यायाधीश के आसन पर। सूत्रधार, मेघाम्बरा, सन्दीपन और कोकिला उपस्थित)*

राजकर्मचारी : *(पुकार लगाता है)* मल्लिनाग उपस्थित हो! *(राजकर्मचारी मल्लिनाग को घेरे हुए लाते हैं। अभियोगी की जगह खड़ा करते हैं)*

वियोगी : 'कामसूत्र' दुराचार का गौरव-ग्रन्थ है। इससे समाज में उच्छृंखलता कितनी तीव्र गति से बढ़ रही है, यह सोचकर न्यायपीठ रोष से भर उठता है। यहाँ आलिंगन और चुम्बन के प्रकार हैं, दन्तक्षत और नखक्षत के कामोद्दीपक विस्तार हैं, कुँआरी और विवाहित स्त्री को कैसे आकर्षित करके पतित किया जाए, इसके दिशा-निर्देश हैं। अपनी घृणित वासना में सहस्रों पंख लगाये यह वह पंक क्षेत्र है, जिसमें लेखक नंगा खेल रहा है। यहाँ सांकेतिक मिलन-स्थल और मिलन-संकेत हैं, जिनका व्यवहार कामी पुरुष युवती के लाभार्थ करता है और वह भी युवती के परिवार के सामने! दृश्य देखिए, युवती के माता-पिता सामने बैठे हैं, युवती *(मल्लिनाग*

की ओर संकेत के साथ) इसको अल्पाहार परोस रही है और यह दाँतों से पुष्प छुआ कर युवती को सन्देश दे रहा है कि सन्ध्या पुष्पदन्त मन्दिर में तुम्हारी प्रतीक्षा करूँगा! *(दूसरों से)* दुराचार की जघन्यता देखी आपने? युवती के माता-पिता ने इसको सज्जन समझा, अपने परिवार में इसका स्वागत किया और इसका एक और अकेला लक्ष्य क्या है—उनकी कुँआरी बेटी को अपनी शैया पर लाना!

सूत्रधार : *(बचाव पक्ष के वकील की भूमिका में)* उस कुँआरी कन्या के साथ कोई बलात्कार नहीं कर रहा। वह स्वयं अपने यौवन का अनुभव करना चाहती है, शरीर के आनन्द की जटिल प्रक्रिया समझना चाहती है।

वियोगी : ब्याह से पहले?

सूत्रधार : यह उसका अपना निर्णय है।

वियोगी : 'कामसूत्र' उसे प्रेरित और प्रोत्साहित करते हुए पथ-प्रदर्शक बन कर उसे अनाचार के राजमार्ग पर दौड़ाए लिए जा रहा है।

सूत्रधार : 'कामसूत्र' से पहले आर्यावर्त की हर युवती सुहाग सेज पर अक्षतयोनि जाती थी?

वियोगी : हाँ, जाती थी। *(सुर बदल कर)* मेरे गुप्तचर ने कल सन्ध्या रपट दी है कि विश्वविद्यालय में उसने एक दिन में दो सौ छत्तीस युवतियों को संकेत-शैली याद करते हुए देखा है।

मल्लिनाग : उन संकेतों का आविष्कार मैंने नहीं किया। वे समाज में शताब्दियों से प्रचलित थे। वे देश की ऐतिहासिक धरोहर हैं। अगर मैं उन्हें लिपिबद्ध नहीं करता, तो हमारी बहुत बड़ी सांस्कृतिक हानि हो जाती।

वियोगी : हानि नहीं, उपकार होता!

सूत्रधार : मान्यवर! इसमें स्त्री-पुरुष की कामवृत्ति और समागम का वैज्ञानिक विवेचन किया गया है। सृष्टि का रचयिता चाहता था कि स्त्री-पुरुष के बीच ऐसा सम्बन्ध हो, तभी उसने ऐसा विधान बनाया।

वियोगी : उसने ऐसा विधान बनाया संसार-चक्र को चलाने के लिए, कामुकता का पाखंड-पर्व मनाने के लिए नहीं!

मल्लिनाग : स्त्री-पुरुष के बीच विचार, भावना, और स्पर्श—तीनों क्रियाशील रहते हैं। केवल इस विचार से प्रेरित होकर कि मुझे संसार-चक्र चलाना है, स्त्री-पुरुष समागम नहीं कर सकते।

वियोगी : नहीं, इसके लिए ढाई सौ प्रकार के आलिंगन, पाँच सौ प्रकार के चुम्बन, एक सहस्त्र प्रकार के दन्तक्षत-नखक्षत और ढाई सहस्त्र प्रकार के आसन चाहिए। है न!

सूत्रधार : स्त्री-पुरुष के सम्बन्ध बहुत जटिल हैं श्रीमान! कुछ लोग केवल कन्द-मूल खाकर तृप्त हो जाते हैं, कुछ को दाल-रोटी से सन्तोष हो जाता है, पर कुछ को न केवल छत्तीस व्यंजन चाहिए, वरन वह भी चाँदी की थाली और सुन्दर पात्रों के साथ! यह मानव स्वभाव की प्रकृति है।

वियोगी : 'कामसूत्र' की वास्तविक प्रकृति यह है कि नायक नायिका को और नायिका नायक को कैसे फुसलाए! ग्रन्थकार यहीं तक सीमित नहीं रहता। वह दूसरे की स्त्री को कैसे लुभाया जाए, इसका भी दिशा-निर्देश देता है।

मल्लिनाग : समाज में परकीया सम्बन्ध नहीं होता?

वियोगी : अगर हो भी जाता है, तो उसकी अनदेखी करनी चाहिए, उसको वर्गीकरण का आधार नहीं बनाना चाहिए।

सूत्रधार : ऐसे कांडों का अनुपात ऊँचा होता है। उनकी अनदेखी नहीं की जा सकती।

वियोगी : मैथुन प्रक्रिया का विवेचन बहुत रस लेकर किया गया है।

सूत्रधार : मैथुन मानवीय जीवन का आधार है। दोनों कार्यकर्त्ता अधिक-से-अधिक लाभान्वित हो सकें, ऐसी निर्देशिका जुटाने में मनोयोग और तल्लीनता तो होगी ही।

वियोगी : मैथुन में आनन्द देखना रुग्ण मानसिकता की पहचान है। मैथुन का एक और एक अकेला लक्ष्य है सन्तान की उत्पत्ति!

मल्लिनाग : मैं ठहाका लगाने की मन:स्थिति में नहीं हूँ।

वियोगी : *(भड़क जाता है)* उच्च न्यायपीठ की मानहानि का दण्ड नहीं जानते, तो मैं ज्ञानवर्धन कर दूँ?

सूत्रधार : *(आरोपी सुर में)* मल्लिनाग के साथ अन्याय हो रहा है।

वियोगी : हमारा विधि-विधान आपकी न्याय बुद्धि के साथ मेल खाए, यह आवश्यक नहीं।

सूत्रधार : आपके विधि-विधान को यह समझना चाहिए कि उदार और

सन्तुलित रूप से लचीला प्रशासन जनता में अपनी जड़ें जमा लेता है। हठी और कठोर प्रशासन बाहर से ठोस भले ही दिखाई दे, पर प्रतिक्रियावादी शक्तियों को बढ़ावा देने के कारण भीतर से उसमें घुन लगने लगता है। निषेध के शिकंजे से व्यक्ति के निजी जीवन को जकड़ने का अभियान ऐसा मट्ठा है, जिसे आप स्वयं अपनी जड़ों में डाल रहे हैं। आप ठंडे मन से सोचिए, मल्लिनाग का अपराध क्या है? क्या उन्होंने कहीं विस्फोटक रखे हैं? अलगाववादी हिंसक दल बनाया है? विधि और शान्ति के लिए संकट बने हैं? नहीं। तो उन्होंने किया क्या है? एक ग्रन्थ की रचना की है! क्या उसमें सामाजिक क्रान्ति का आह्वान है? देश-द्रोह की शिक्षा है? नहीं। तो फिर उसमें है क्या? स्त्री और पुरुष सम्बन्धों का विवेचन! और इससे आपके मन-मस्तिष्क में भूचाल आ गया है?

वियोगी : भूचाल समूचे जनपद में आया है।

सूत्रधार : पीड़ा केवल आपको हुई है। फिर अपने पद का व्यवहार करते हुए आपने उसे प्रशासन का उत्तरदायित्व बना दिया।

वियोगी : आप इस विवाद को व्यक्तिगत बनाकर संकट को बहुत छोटा बना रहे हैं।

सूत्रधार : कभी महान् और ऐतिहासिक संकट की आधारशिला बहुत व्यक्तिगत और बहुत छोटी होती है। अगर कौरवों ने पाँच पांडव भाइयों के लिए केवल पाँच बीघे का भूखंड दे दिया होता, तो महाभारत सम्पन्न नहीं होता। आपके व्यक्तिगत जीवन में कुछ ऐसा हुआ है, जिससे स्त्री-पुरुष सम्बन्ध को लेकर आप बहुत उग्र हो गये हैं।

वियोगी : *(तड़प उठता है)* सावधान! न्यायपीठ की अवमानना के अपराध में आपको तुरन्त बन्दी बनाया जा सकता है।

(सूत्रधार चुप है)

वियोगी : आप पुस्तक को बहुत छोटी, नगण्य वस्तु बताने की भूल कर रहे हैं। पुस्तक में विचार होता है।

सूत्रधार : निःसन्देह पुस्तक में विचार होता है, जैसा कि इस पुस्तक में भी है। विचार से समाज को खतरा हो सकता है, सिद्धान्त

रूप में यह बात भी सही है। पर इसका तात्पर्य यह नहीं कि इस पुस्तक में जो विचार है, वह समाज के लिए संकट बन सकता है। अब इस पुस्तक के विचार का लेखा-जोखा आँकिए और कभी भविष्य में उससे उत्पन्न हो सकने वाले संकट का अनुमान लगाइए।

वियोगी : *(बौखला कर)* कैसा भविष्य? संकट यहाँ है—तांडव कर रहा है हमारे सामने—एक-एक घड़ी, एक-एक पल यह कलुषित ग्रन्थ बिक रहा है और हमारी हवा में विष घोल रहा है।

सूत्रधार : मैं और समाज का बहुमत इस ग्रन्थ का मूल्यांकन बहुत ऊँचा करता है।

वियोगी : बहुत अल्पमत में हैं आप।

सूत्रधार : *(बीच में ही)* आप मल्लिनाग की मेधा पर प्रश्न चिह्न लगा रहे हैं। आर्य कौटिल्य ने ग्रन्थ तब लिखा, जब जीवन भर व्यावहारिक राजनीति करते हुए वह वानप्रस्थ आयु तक पहुँचे चुके थे। मल्लिनाग अभी नवयुवक हैं, पर इतने संवेदनशील और विस्फोटक विषय के साथ मुठभेड़ कर सकते हैं। फिर राजनीति पर तो अनेक विचारक लिख सकते हैं, लेकिन एक दार्शनिक की वस्तुनिष्ठता और एक प्रेमी की गीतात्मकता के साथ भावना-कामना की शल्य-क्रिया की सामर्थ्य बिरले में ही होती है—और वह भी इस आयु में! श्रीमान्, आप नहीं जानते कि आप ज्ञान-राजमार्ग पर कितनी बड़ी चट्टान बनकर खड़े हैं। अगर मुझे संसार, जीवन, और प्रक्रिया की थोड़ी भी समझ है, तो मैं आपको लिखकर दे सकता हूँ कि आने वाला कल आपको कभी क्षमा नहीं करेगा। अगर आप नहीं चाहते कि इतिहास में आपका नाम एक गाली बनकर अंकित हो, तो आप तुरन्त...।

वियोगी : *(उसकी ओर संकेत के साथ तड़पकर)* एक दिन का सांकेतिक कारावास...।

(राजकर्मचारी सूत्रधार को पकड़ कर ले जाते हैं। वियोगी राजकर्मचारी को संकेत करता है)

राजकर्मचारी : *(पुकार लगाता है)* लवंगलता प्रस्तुत हों।

(लवंगलता आती है, गवाह की जगह खड़ी हो जाती है)

वियोगी : आप अभियुक्त को कब से जानती हैं?

लवंगलता : निकट परिचय लगभग तीन वर्ष पहले हुआ।

वियोगी : परिचय की प्रकृति क्या थी?

लवंगलता : मैं इनकी शोध-निर्देशिका थी।

वियोगी : इनके व्यवहार में उच्छृंखलता का परिचय आपको कब मिला?

लवंगलता : मल्लिनाग गम्भीर और सौम्य प्रकृति के हैं।

वियोगी : ये भेंटें आपके कार्यालय में होती थीं?

लवंगलता : बाद में मेरे निवास पर होने लगी थीं।

वियोगी : निवास में कहाँ?

लवंगलता : मेरे शयनकक्ष में।

(हँसी)

वियोगी : अभियुक्त ने नायिका को फुसलाने की कौन-सी पद्धति का आप पर व्यवहार किया?

लवंगलता : प्रेम-संकेत मेरी ओर से हुए थे।

वियोगी : *(भर्त्सना की नजर से देखता है)* क्यों?

लवंगलता : मेरी स्त्री इनके लिए उत्तेजित हो गयी थी।

वियोगी : और इन्होंने तुरन्त प्रत्युत्तर देकर सम्बन्ध की गरिमा चूर-चूर कर दी?

लवंगलता : इनमें उत्साह नहीं था। इन्होंने अपनी अनिच्छा प्रकट की, मुझे ऊँच-नीच समझाया, पर मैंने इन्हें विवश कर दिया। बाद में मैंने समझा कि मुझसे भूल हुई, पर ऐसी मोहक भूल मैं फिर करना चाहूँगी।

(हँसी)

वियोगी : *(क्रोध से)* यह रोने की बात है, हँसने की नहीं।

लवंगलता : बचाव पक्ष के गवाह के रूप में मैं यह कहने के लिए प्रस्तुत हुई हूँ कि मल्लिनाग पर समाजशत्रु होने का अभियोग आधारहीन है।

वियोगी : गवाह को तुरन्त बन्दी बना लिया जाए। अपने छात्र के साथ व्यभिचार करके उसने गुरु-शिष्य परम्परा की गरिमा खंडित की है। दंडस्वरूप इसे पाँच वर्ष का सश्रम कारावास दिया जाता है और न्यायपीठ विश्वविद्यालय के कुलपति को आदेश देता है कि अनैतिक आचरण के चलते इसे आचार्य और अध्यक्ष पद से तत्काल निलम्बित कर दिया जाए।

(राजकर्मचारी लवंगलता को ले जाते हैं। अन्धकार के साथ मल्लिनाग और मेघाम्बरा पर आलोक-वृत्त)

मल्लिनाग : लवंगलता से मैंने प्रेम नहीं किया।

मेघाम्बरा : तो क्या किया?

मल्लिनाग : हर शारीरिक सम्पर्क पुरुष के लिए प्रेम नहीं होता। मैं उनकी विद्वत्ता के प्रति आकर्षित था।

मल्लिनाग : विद्वत्ता से प्रभावित होते हैं, आकर्षित नहीं। तुम्हारी सारी शब्दावली यौन भावना से प्रेरित है।

मल्लिनाग : वह स्वयं कह चुकी हैं कि पहल उन्होंने की थी।

मेघाम्बरा : तुमने क्षमा माँगते हुए असमर्थता क्यों नहीं प्रकट की?

मल्लिनाग : तुम शोध छात्रा रही हो कभी? उसका शरीर, हृदय, और आत्मा निर्देशक की मुट्ठी में रहते हैं।

मेघाम्बरा : विवेक तो तुम्हारे पास था।

मल्लिनाग : तुम इस प्रसंग को युवक की दृष्टि से देखने की कृपा करो। हर नयी स्त्री के लिए थोड़ा कौतूहल तो होता ही है।

मेघाम्बरा : कैसा कौतूहल?

मल्लिनाग : कि यह धीर-गम्भीर स्त्री शयन-कक्ष में कैसे व्यवहार करती है।

मेघाम्बरा : अर्थात्?

मल्लिनाग : जब उसे कामना के काँटे चुभते हैं, तो वह कैसे क्रिया और प्रतिक्रिया करती है।

मेघाम्बरा : यह जानने से तुम्हें क्या मिला?

मल्लिनाग : कामनातुर स्त्री की एक और इकाई का ज्ञान नहीं हुआ?

मेघाम्बरा : इस ज्ञान की तुम्हारी पिपासा कभी शान्त भी होगी?

मल्लिनाग : तुमसे मिलने के बाद हो चुकी है—हालाँकि तुमको स्त्री बनाने का सौभाग्य नहीं मिला, लेकिन जितना भी तुम्हें अनुभव किया है, शेष के लिए कौतूहल और कामना है। सौगन्ध खाकर कहता हूँ।
(प्रकाश-व्यवस्था बदलती है। सन्दीपन और सूत्रधार उपस्थित हों। कोकिला गवाह की जगह)

कोकिला : मैं मल्लिनाग को बहुत निकट से जानती हूँ।

वियोगी : सो तो होगा ही। उनका आपसे लेखक और प्रकाशक का सम्बन्ध है।

कोकिला : वह तो मेरे पति से है। मैं यहाँ अपने निजी सम्बन्ध की बात

कर रही हूँ।

वियोगी : *(चौंकता है)* आपका अभिप्राय विक्रय-संचालक के रूप में अपने प्रतिष्ठान के लेखक से है न?

कोकिला : मेरा अभिप्राय यह है कि मल्लिनाग और मैं कामना-सूत्र में बँधे हैं।

वियोगी : *स्तब्ध रह जाता है)* आपका तात्पर्य है—ब्याह के पहले?

कोकिला : *(बिल्कुल शान्त है)* ब्याह के बाद—इनका ग्रन्थ ही हमें मिलाने का निमित्त बना।

वियोगी : कामना-सूत्र से क्या अभिप्राय है?

(कोकिला दाँतों-तले उँगली दबाकर लजाने का अभिनय करती है। मेघाम्बरा ठंडी दृष्टि से देख रही है)

मेघाम्बरा : *(वियोगी से)* उसे हमारी भाषा में प्रेमी कहा जाता है। *(मल्लिनाग को देखती है, वह नीचे देखने लगता है)*

वियोगी : *(तड़प उठता है)* मेरे कानों में कौन-सा विष घोला जा रहा है आज? *(अपने को सँभालता है)* अभियुक्त ने किस तरह आपको फुसलाया?

कोकिला : क्या मैं आपको ऐसी दिखाई दे रही हूँ, जिसे फुसलाया जा सकता है?

वियोगी : *(सख़्ती से)* श्रीमती, आप स्वयं ही दिनदहाड़े अपने अवैध सम्बन्ध का ढिंढोरा पीट रही हैं?

कोकिला : इसे अवैध इसलिए नहीं कहा जा सकता, क्योंकि मेरे पति को बिल्कुल पहले दिन से इसकी न केवल जानकारी थी, वरन् वही इसके सूत्रपात के निमित्त थे।

(वियोगी माथे पर दुहत्तड़ मारता है। सन्दीपन नीचे देख रहा है)

वियोगी : वैधता का ऐसा अनूठा उदाहरण आपको स्पष्ट करना होगा।

कोकिला : मेरे पति ने मल्लिनाग को प्रेरित किया कि वह मेरे लिए अंगिया की व्यवस्था करें। मान्यवर जानते हैं कि जिस अंगविशेष का सम्बन्ध इस अन्तर्वस्त्र से है, वह गोपनीय माना जाता है और जो पुरुष उसके परिधान से अप्रत्यक्ष रूप से जुड़ता है, वह आगे चलकर नारीविशेष का अन्तरंग होते हुए प्रत्यक्ष रूप से भी जुड़ जाए, तो आश्चर्य नहीं होना चाहिए।

वियोगी : अभियुक्त ने ऐसी आपत्तिजनक हरकत क्यों की?

कोकिला : मेरे पति ने आरोपी से कहा।

वियोगी : *(टोकता है)* आरोपी को बोलने दीजिए।

मल्लिनाग : कि उनकी आर्थिक स्थिति बहुत दारुण है। यह सुनकर मुझे लज्जा आयी और मेरे कर्तव्य-बोध ने मुझे ललकारा।

वियोगी : तुम्हारा जो भी परिचित अपनी ऐसी दारुण स्थिति का रोना रोता है, तुम ऐसे ही कर्तव्य-बोध से पीड़ित हो जाते हो?

मल्लिनाग : सन्दीपन के साथ मेरा लेखक-प्रकाशक का पावन सम्बन्ध है।

वियोगी : *(कोकिला से)* तो अभियुक्त वह वस्त्र लेकर आया और आपने उसे प्रेम भाव से स्वीकार कर लिया?

कोकिला : *(चिड़चिड़ा कर)* तो मुझे क्या करना चाहिए था?

वियोगी : *(क्रोध से)* यह आपको न्यायपीठ बताएगा? आपने यह नहीं सोचा कि परपुरुष से ऐसा परिधान लेना कितना अनुचित है?

सूत्रधार : आपत्ति मान्यवर! हम यहाँ श्रीमती की अनाचार-प्रेरणा पर विचार नहीं कर रहे हैं।

वियोगी : अब श्रीमती भी व्यभिचार की अभियुक्त बन गयी हैं।

सूत्रधार : वह मामला बिल्कुल अलग होगा, लेकिन तब, जब उनके पति उन पर अभियोग लगाएँ।

सन्दीपन : *(सकते में आ जाता है)* नहीं, घर के छोटे-छोटे मनमुटाव घर में ही सुलझा लिए जाते हैं, उन्हें बाहर खुले में लाने की कोई आवश्यकता नहीं।

वियोगी : *(उसको नाराज़गी से देखता है)* यह छोटा मनमुटाव है?

सन्दीपन : *(क्रोध से)* मेरे घर का है, इसलिए छोटा है या मोटा, इसका निर्णय मैं करूँगा।

वियोगी : *(उसको गुस्से से देखकर नज़र फेर लेता है)* हाँ तो, अब बहुत कुछ इस बात पर निर्भर करता है कि सन्दीपन को कितने समय के बाद यह मालूम हुआ कि उनके घर उनकी अनुपस्थिति में यह कैसा अंगिया-कार्यक्रम चलता रहा?

कोकिला : उसी दिन। आर्य सन्दीपन जब अपराह्न में लौटे, तो मैंने बाहर निकलकर उनका स्वागत किया।

वियोगी : कहाँ से बाहर निकलकर?

कोकिला : शयन-कक्ष से... जिसमें से कुछ पल बाद मल्लिनाग का भी प्रकट होना अनिवार्य था।

वियोगी : अनिवार्य क्यों था?

कोकिला : क्योंकि वह भीतर थे।

वियोगी : आपने उन्हें छिपाने की विवशता नहीं समझी?

कोकिला : मैं ऐसी विवशता से पीड़ित क्यों होती?

वियोगी : अभियुक्त नंगी तलवार लिये शयन-कक्ष से बाहर निकला, जिसकी नोक उसने दुःखी पति के सीने पर रख कर उसे चुप रहने की धमकी दी?

कोकिला : मेरे कामना-सखा के पास कोई तलवार नहीं थी।

वियोगी : तो दुःखी पति ने क्रोध और हिंसा का भयंकर दृश्य प्रस्तुत किया?

(कोकिला सन्दीपन को देखकर मुस्कुराती है)

वियोगी : श्रीमान् सन्दीपन, अपने शयनकक्ष से अपनी पत्नी के पीछे पर-पुरुष को निकलता देख आपने क्रोध क्यों नहीं किया?

सूत्रधार : आपत्ति मान्यवर! आप यहाँ सन्दीपन के पुरुषत्व और पतित्व का विवेचन करने नहीं बैठे हैं।

(वियोगी सूत्रधार को चुप रहने और सन्दीपन को बोलने का संकेत करता है)

सन्दीपन : मैंने सपने में भी नहीं सोचा था कि अंगिया के रूपक को मल्लिनाग न केवल शाब्दिक रूप से ग्रहण करेंगे, बल्कि उसे कार्य रूप में भी परिणित कर देंगे।

वियोगी : तो जिस दृश्य को सुनकर जब मेरे-जैसा ब्रह्मचारी भी क्रोध से काँप उठा है, उसको देखकर भी आपको क्रोध क्यों नहीं आया?

सन्दीपन : मेरी पत्नी अंगिया स्वीकार कर चुकी थीं, *(कोकिला को गुस्से से देखते हुए)* उसे धारण किये हुए इठला रही थीं...

(कोकिला किलकारी मारती है)

वियोगी : *(कोकिला को डाँटते हुए)* न्यायपीठ की अवहेलना मत कीजिए। *(सन्दीपन से)* और दूसरी बात क्या है?

सन्दीपन : मैंने सोचा कि मल्लिनाग क्योंकि कुँआरे हैं, इसलिए वैवाहिक परिधान में अंगिया की जो गरिमा होती है, नहीं जानते।

वियोगी : आप पति रूप में इतने उदार क्यों हैं?

सन्दीपन : *(आरोप के स्वर में)* आप मेरी जगह होते तो क्या करते?

वियोगी : मैं स्त्रियों से वैसे ही दूर रहता हूँ, जैसे आग से कपास।

सन्दीपन : तो सामाजिक बतकही से बचने के लिए एक सामान्य पति जो

करता है, वही मैंने किया। इस प्रसंग की अनदेखी कर दी।

वियोगी : इसके बाद अंगिया-प्रकरण समाप्त हो गया?

कोकिला : नयी अंगिया बहुत जटिल अन्तर्वस्त्र है मान्यवर! दो-चार दिन धारण करते हुए उसकी बिल्कुल उपयुक्त कसावट और हिलने-झुकने की सुविधा का आकलन करना होता है।

वियोगी : *(नाराज़ हो जाता है)* हम यहाँ अंगिया मानक का निर्धारण करने नहीं बैठे हैं! आप अभियुक्त के चरित्र का अपना आकलन बताइए।

कोकिला : मल्लिनाग की लम्बी अन्तरंगता के आधार पर मैं बलपूर्वक यह कहना चाहती हूँ कि वह चरित्रवान और सदाचारी हैं। उनके ऊपर सामाजिक शत्रु होने का आरोप आधारहीन और अनर्गल है।

वियोगी : लेकिन जिस स्त्री के मुँह से यह प्रमाण-गंगा प्रवाहित हो रही है, वह स्वयं व्यभिचारी है। इसलिए उसकी विश्वसनीयता ही सन्दिग्ध मानी जाएगी।

सूत्रधार : आप इस प्रसंग को वस्तुनिष्ठ ढंग से देखें तो यह मानने में आपको कठिनाई नहीं होगी कि कोकिला बुद्धिमती, गरिमावान, और उत्तरदायी नागरिक हैं, उन्हें यह भी मालूम है कि छोटी मानसिकता के लोग उन पर टूट पड़ेंगे, उनका सुखी वैवाहिक जीवन संकट में पड़ जाएगा, और उनके पति का सिर तथाकथित लज्जा से झुक जाएगा...।

सन्दीपन : *(तिनक जाता है)* मेरा अपमान मत करो।

सूत्रधार : *(उस पर ध्यान नहीं देता)* लेकिन फिर भी उसने गवाही देने का जोखिम उठाया। क्यों? क्योंकि उनकी न्यायबुद्धि प्रखर है, वह निर्दोष के साथ अन्याय होते हुए नहीं देख सकतीं।

वियोगी : न्यायालय यह गवाही स्वीकार नहीं कर सकता, क्योंकि अभियुक्त के साथ गवाह का अवैध सम्बन्ध था। कच्ची नयी पीढ़ी उन्हें महिमामंडित कर सकती है—कि अपने प्रेमी का समर्थन करने के लिए अपने विवाह को भी दाँव पर लगा देना चाहिए। हम इतने यथार्थवादी हैं कि यह मानते हैं कि कोई भी विधि-विधान विवाह से बाहर का सम्बन्ध मिटा नहीं सकता, लेकिन ऐसा सम्बन्ध अँधेरे में छिपा रहना चाहिए। इसी में समाज का कल्याण है। न्यायपीठ गवाह को व्यभिचार

का अपराधी पाता है और उन्हें पाँच वर्ष के सश्रम कारावास का दंड देता है।

(सन्दीपन हताशा से माथे पर हाथ मारता है। राजकर्मचारी कोकिला को घेर लेते हैं, कोकिला की दृष्टि मेघाम्बरा से मिलती है। फिर कोकिला भावहीन चली जाती है। मंच पर अन्धकार के साथ मल्लिनाग और मेघाम्बरा पर आलोकवृत्त उभरता है)

मल्लिनाग : मेरी तरह किसी का भाग्य नहीं फूटता।

मेघाम्बरा : आत्म-दया का आश्रय मत लो।

मल्लिनाग : तुम्हारा आश्रय लूँ, तो कुछ होने की आशा है?

मेघाम्बरा : आज के प्रकरण के बाद भी तुम ऐसा दुस्साहस कर सकते हो?

मल्लिनाग : आशा जीवन में आस्था की प्रतीक जो है।

मेघाम्बरा : तुम अपने भीतर झाँक कर देखो कि तुम ऐसी आस्था के योग्य भी हो? आशा फलीभूत हो भी गयी, तो क्या करोगे? जो अभी तक किया है? लवंगलता कुँआरी थी। उनके साथ तुम्हारा कांड मैं शायद आँख ओट करने का प्रयास कर सकती थी। पर एक ब्याहता स्त्री के साथ...

मल्लिनाग : कोकिला कच्ची और भावुक है, जिसे कोई भी बरगला सकता है?

मेघाम्बरा : कहाँ गया था तुम्हारा विवेक?

मल्लिनाग : सन्दीपन ने मुझे बहुत छला है। मुझे अपना प्रतिशोध चाहिए था।

मेघाम्बरा : तुम्हारे मुँह से ऐसी कुत्सित बात? अगर तुम कहते कि कोकिला के आकर्षण ने तुम्हें बाँध दिया था, तो यह तर्क मैं सुन सकती थी।

मल्लिनाग : मैं आज तक एक ही स्त्री के आकर्षण से बींधा गया हूँ और वह तुम हो।

मेघाम्बरा : पहले मुझे गर्व होता; अब लज्जा होती है।

मल्लिनाग : तुम मेरे विवेक का दर्पण हो; तुम्हारे सामने मैं केवल सत्य बोलने के लिए बाध्य हूँ।

मेघाम्बरा : तुम्हारे सत्य सुन-सुन कर मेरा विवेक दर्पण काला पड़ गया है।

मल्लिनगा : सन्दीपन को भी त्रिकोण स्वीकार था।

मेघाम्बरा : पहले तुम निर्लज्ज थे; अब घृणित हो रहे हो।

मल्लिनाग : तुम मेरे साथ अन्याय कर रही हो। स्त्री और पुरुष की प्रकृति अलग-अलग है, उनके नैतिक मानदण्ड भी अलग-अलग रहेंगे।

मेघाम्बरा : एकनिष्ठता प्रेम का चिरंतन मूल्य है और रहेगा।

मल्लिनाग : मैंने केवल तुमसे एकनिष्ठ प्रेम किया है।

मेघाम्बरा : अब तुम वीभत्स हो रहे हो।

मल्लिनाग : तुम्हें एकनिष्ठता का प्रमाण चाहिए? जब तुम मेरे सामने होती हो, तो मेरे भीतर का सर्वश्रेष्ठ बाहर आ जाता है। तुम्हारे लिए मेरे प्रेम की शक्ति है मेरे पास! उसे मुझसे कोई नहीं छीन सकता।

(प्रकाश-व्यवस्था बदलती है)

राजकर्मचारी : *(पुकार लगाता है)* श्रीवल्लरी प्रस्तुत हों।

(श्रीवल्लरी आकर गवाह की जगह लेती है)

वियोगी : आप अभियुक्त को कब से जानती हैं?

श्रीवल्लरी : साढ़े पाँच-छै वर्ष पहले हमारी भेंट हुई थी।

वियोगी : भेंट का आधार क्या था?

श्रीवल्लरी : यह मेरे शृंगार-नियोजक थे। बाद में अस्थायी सहचर बन गये।

वियोगी : *(चौंकता है)* क्या?

श्रीवल्लरी : उसे आपकी भाषा में प्रेमी कहा जाता है।

(मेघाम्बरा और श्रीवल्लरी की नजर मिलती है)

वियोगी : इनकी पदवी में जो परिवर्तन हुआ, उसके पीछे आपकी कौन-सी विवशता थी?

श्रीवल्लरी : विवशता बाहरी नहीं, भीतरी थी।

वियोगी : इसे स्पष्ट करें।

श्रीवल्लरी : मैं पुरुष रूप में इनके प्रति आकर्षित हो गयी थी।

वियोगी : यह प्रेम-सम्बन्ध कितने समय चला?

श्रीवल्लरी : कुछ मास।

वियोगी : अभियुक्त ने क्या आपत्तिजनक किया, जिससे सम्बन्ध टूट गया?

श्रीवल्लरी : यह सम्बन्ध को स्थायी रूप देने के लिए उतावले हो उठे।

वियोगी : *(चौंकता है)* इसमें आपको आपत्ति थी?

श्रीवल्लरी : मैं उस समय अपनी निजता सुरक्षित बनाए रखने के लिए कमर कसे थी।

वियोगी : आपने यहाँ आने का निर्णय क्यों लिया?

श्रीवल्लरी : मेरी यह मान्यता है कि सम्बन्ध भले ही टूट जाए, लेकिन भावना साझेदारी की गरिमा बनी रहनी चाहिए।

वियोगी : आपको अपने अपयश की आशंका नहीं?

श्रीवल्लरी : नहीं। दो प्रेमियों की साझेदारी उससे बहुत ऊपर होती है।

वियोगी : क्या अभी भी आपकी निजता सुरक्षित है?

श्रीवल्लरी : मैं किसी की वाग्दत्ता हूँ।

वियोगी : *(चौंकता है)* वह दुर्भाग्यशाली नहीं जानता कि आप यहाँ प्रस्तुत हो रही हैं?

श्रीवल्लरी : जानता है।

वियोगी : और अभी भी आप उसकी वाग्दत्ता हैं?

श्रीवल्लरी : *(हामी में सिर हिलाती है)* वह यहाँ उपस्थित भी हैं।

(श्रीवल्लरी का मंगेतर खड़ा होकर वियोगी को प्रणाम करता है, फिर बैठता है)

वियोगी : *(माथे पर दुहत्थड़ मारता है)* रसातल के भी नीचे जाएगा यह देश? *(अपने को सँभालता है)* मैंने तो सुना है कि प्रेम सम्बन्ध में एकाधिकार चलता है, बड़ी सरलता से उन्मादी हत्या भी हो जाती है!

श्रीवल्लरी : उसमें तर्कशीलता भी होती है श्रीमान! यह सही है कि आप एक व्यक्ति के साथ जीवन की प्रतिबद्धता के लिए तैयार हो जाते हैं, लेकिन यह भी उतना ही सही है कि आपका अतीत भी होता है और उस व्यक्ति से मिलने से पहले वह सूना और सपाट हो, यह आवश्यक नहीं।

वियोगी : लेकिन उस अतीत की दुहाई देने से अगर वर्तमान पर विकराल छाया पड़ने लगे, तो?

श्रीवल्लरी : मैं साझेदारी की गरिमा का उल्लेख कर चुकी हूँ।

वियोगी : ठीक है। यहाँ आप क्या कहना चाहती हैं?

श्रीवल्लरी : मल्लिनाग पर लगाया गया आरोप निराधार है। 'कामसूत्र' की रचना करके उन्होंने समाज का उपकार किया है।

वियोगी : लेकिन न्यायपीठ की दृष्टि में अपराध और संगीन हो गया है। अभियुक्त अवश्य कोई जादू-टोना जानता है। तभी एक पति की जानकारी के साथ यह उसकी स्त्री के साथ किल्लोल करता है और दूसरा पुरुष अपनी वाग्दत्ता की जगहँसाई पर

मलिन होने के बजाए उसके पूर्व सम्बन्ध को सामाजिक स्वीकृति देता है। इस अभियोग में प्रेम के ऐसे-ऐसे विकृत चेहरे सामने आये हैं कि न्यायपीठ की सहनशक्ति का बाँध टूट गया है। *(मल्लिनाग को देखता है)* गवाही के सोपान को खारिज करते हुए अब हम सीधे दण्ड-निर्धारण पर आते हैं। तुमको लज्जास्पद उदाहरण बनाने में ही न्याय की सार्थकता है। इसलिए प्रश्न यह है कि कितने वर्ष का कारावास हो और कितने कठिन परिश्रम वाला। हमारा यह मानना है कि प्रेम-किल्लोल से दूर कारावास के एकान्त में जब तुम बरसों आठों पहर आत्मधिक्कार करोगे, तो धीरे-धीरे तुम्हारे चित्त के कुछ विकार विलुप्त हो सकते हैं। पूरे तो नहीं, पर इतने कि बाहर निकलकर तुम फिर समाज की उत्पादक इकाई बन सकते हो।

मल्लिनाग : मुझे आपके समाज से कुछ लेना-देना नहीं।

वियोगी : पर समाज को तो तुमसे लेना-देना है, क्योंकि तुम उस पर बोझ हो।

मल्लिनाग : फिर मैं तुम्हारे समाज में रहूँगा ही नहीं।

वियोगी : राज्य से निष्कासन तुम्हारे लिए सबसे उपयुक्त दण्ड होता, पर रति के कंगन के कारण हम विवश हैं।

मेघाम्बरा : *(खड़ी हो जाती है)* मैं अभियुक्त से अपना कंगन वापस लेती हूँ।

(मल्लिनाग से दृष्टि मिलती है)

मल्लिनाग : कंगन वापस लेने की कोई प्रथा नहीं।

मेघाम्बरा : मैं न्यायपीठ से अनुरोध करती हूँ, मुझे मुक्ति दिलवाने में मेरी सहायता करे।

वियोगी : यह न्यायालय है या विचित्रालय? अभी और कैसे-कैसे चमत्कार होंगे यहाँ?

सूत्रधार : इस कंगन को लेकर कोई विवाद नहीं।

मेघाम्बरा : विवाद है। मुझे इस बात की प्रतीति हो रही है कि मैंने भूल की थी। *(वियोगी से)* आप यह कंगन उतारवा कर मुझे सौंप दीजिए और अभियुक्त को राज्य-सीमा के बाहर खदेड़ दीजिए।

सूत्रधार : न्यायपीठ कंगन-जैसे निजी मामले में हस्तक्षेप करेगा तो मुँह की खाएगा।

वियोगी : क्या करेंगे आप?

सूत्रधार : पहले आप क्रिया कीजिए, फिर हम प्रतिक्रिया करेंगे।

मेघाम्बरा : मानवीय अधिकार न्यायालय कार्यक्षेत्र से बाहर नहीं हो सकते।

वियोगी : *(मेघाम्बरा से)* आपको अपना पक्ष रखने की अनुमति दी जाती है।

मेघाम्बरा : स्त्रियों को लेकर मल्लिनाग की व्यवहार-शैली देखने के बाद मुझे गहरा आघात लगा है। इनके साथ मेरा वर्तमान तक सम्भव नहीं, तो भविष्य कैसे हो सकता है?

मल्लिनाग : अगर मैंने यह कंगन लौटा दिया, तो मेरा जीवन चौपट हो जाएगा। इस कंगन के कारण छै कुमारियाँ मुझसे पहले ही छिटक चुकी हैं। चारों ओर यह प्रचार हो गया है कि आर्यावर्त सुन्दरी ने मेरा वरण कर लिया। अब कोई कुमारी मुझे मुँह नहीं लगाएगी। मैं अपने वंश का अन्तिम पुरुष हूँ। मेरा वंश मेरे साथ ही समाप्त हो जाएगा।

वियोगी : *(विचार कर रहा है)* हूँ...

मल्लिनाग : आप कुमारी से पूछिए, यह अभी मुझसे प्रेम करती हैं या घृणा?

मेघाम्बरा : दोनों के बीच कुछ...

वियोगी : आप हाँ कहिए या ना...

मेघाम्बरा : आप प्रेम मनोविज्ञान नहीं जानते?

वियोगी : *(कुढ़ा हुआ)* नहीं, न मैं प्रेम का रस सिद्धान्त जानता हूँ, न तर्कशास्त्र—इतिहास, भूगोल, रसायन कुछ भी नहीं जानता—और जैसे-जैसे अनूठे गवाह यहाँ उपस्थित हो रहे हैं, उन्हें देखते हुए प्रभु को नमन करता हूँ कि मुझे इस ज्ञान से वंचित रखकर मुझ पर बड़ा उपकार किया है उन्होंने!

मेघाम्बरा : मेरे कारण अभियुक्त का जीवन भी चौपट हो रहा है और वंश भी। न्यायालय इसके लिए जो दंड मुझे देगा, स्वीकार है।

वियोगी : अभियुक्त और उसका वंश इसी योग्य है कि चौपट हो जाए। न्यायालय आप जैसी उत्तरदायी नागरिक का अभिनन्दन करता है और आपको रति का कंगन वापस दिलवाता है।

(मल्लिनाग गुस्से से मेघाम्बरा को देख रहा है। राजकर्मचारी मल्लिनाग का कंगन उतार कर मेघाम्बरा को सौंप देता है)

वियोगी : अभियुक्त को सदा के लिए राज्य से निष्कासित किया जाता है। *(राजकर्मचारी मल्लिनाग को घेर लेते हैं)*

मल्लिनाग : *(मेघाम्बरा की ओर संकेत के साथ)* मैं अन्तिम बार कुमारी से

संलाप करना चाहता हूँ।

वियोगी : *(मेघाम्बरा से)* आप सहमत हैं?

(मेघाम्बरा हामी का संकेत करती है। प्रकाश-व्यवस्था बदलने के साथ मेघाम्बरा और मल्लिनाग के अलावा सबका प्रस्थान। कौटिल्य का प्रवेश)

कौटिल्य : *(आवेग से)* मेघाम्बरा, मेरा रक्तचाप बढ़ गया है।

मेघाम्बरा : *(चिढ़कर)* क्यों?

कौटिल्य : तुम्हारी चिन्ता से—चन्द्रगुप्त को सन्देश भेजा था। उसने मंजुहास के बारे में लिखा है। वह हर प्रकार से तुम्हारे योग्य है। *(मल्लिनाग की ओर देखकर)* सबसे बड़ी बात यह कि भावनात्मक रूप से स्थिर है। अगले सप्ताह आ रहा है यहाँ।

मेघाम्बरा : प्रेमांकुर उगाने की कोई चाह नहीं है मेरे भीतर!

कौटिल्य : उससे मिलने के बाद निश्चय करना।

मल्लिनाग : उस मिलन में बाधा होगी। मैं उसे द्वन्द्व युद्ध के लिए ललकारूँगा।

कौटिल्य : तलवार का धनी है वह।

मल्लिनाग : आप दोनों के सामने अपने प्राणों की आहुति देने के लिए बहुत विकल हूँ मैं।

कौटिल्य : उससे तुम्हें क्या लाभ होने वाला है?

मल्लिनाग : आप दोनों को अगर *(संकेत के साथ)* इतनी-सी भी पीड़ा हुई, तो मैं समझूँगा कि मेरा बलिदान सार्थक रहा।

मेघाम्बरा : तुम्हारा बलिदान माँगा किसने है?

कौटिल्य : मुझे क्यों होने लगी पीड़ा?

मल्लिनाग : तो निरर्थक बलिदान सही। यही समझूँगा कि जिन दो व्यक्तियों को भावना के सबसे ऊँचे बिन्दु पर गले लगाया था, उन्होंने...

मेघाम्बरा : ये क्या करुणा की कातर पुकारें लग रही हैं यहाँ?

(बिगुल की ध्वनि। सूत्रधार आता है)

सूत्रधार : *(मेघाम्बरा से)* देवि, सार्थवाह के चलने का बिगुल बज रहा है।

कौटिल्य : *(आशंका से)* कहाँ जा रही हो?

मेघाम्बरा : सद्भावना राजदूत बनकर देश-देशान्तर में।

कौटिल्य : कितने दिन बाद लौटोगी?

मेघाम्बरा : दस वर्ष के कार्यक्रम के बाद लौटने का मन होगा, पता नहीं।

कौटिल्य : तुमको देखे बिना मैं जिऊँगा कैसे?

मेघाम्बरा : जीवन बहुत निर्लज्ज है। यहाँ कोई भी किसी के भी बिना

सौ शरद जी लेता है।

कौटिल्य : हाँ हाँ, जाओ—अकेले मर सकता हूँ—इतना मनोबल है मेरे पास...।

(जाने लगता है, फिर ठिठकता है)

मेघाम्बरा : रुक क्यों गये?

कौटिल्य : तुम मेरे प्रस्थान के लिए इतनी उतावली क्यों हो?

मेघाम्बरा : मुझे मल्लिनाग से कुछ कहना है।

कौटिल्य : मेरे सामने कहो।

मेघाम्बरा : जब मैंने तुम्हें रति का कंगना पहनाया था, तभी मुझे पूरा सच बता देना चाहिए था।

मल्लिनाग : कौन-सा सच?

मेघाम्बरा : मैं माँ नहीं बन सकती।

(मल्लिनाग और कौटिल्य स्तब्ध)

मल्लिनाग : क्यों?

मेघाम्बरा : वे पहले गर्भपात में ही हर युवती को सदा के लिए संकटहीन कर देते थे।

(दोनों मेघाम्बरा को देख रहे हैं)

मेघाम्बरा : मैं अम्बा के पेट में थी, जब उन्हें मर्कत द्वीप बन्दीगृह में डाल दिया गया। सोलह वर्ष की आयु तक वहीं थी मैं। सप्तपर्ण युद्ध में हूणों की विजय हुई, तो उन्होंने दो सौ पैंतीस बन्दिनियों को अपनी सेना के वासना-शिविर में भेज दिया। अम्बा और मैं राजनैतिक बन्दी थीं, पर उन्होंने हमें भी नहीं छोड़ा। बन्दीगृह की अन्तिम सन्ध्या को अम्बा फाँसी लगाने वाली थीं। मुझे उनके पाँवों के नीचे से चौकी हटानी थी। अन्तिम पल वह रुक गयीं, बोलीं, तुम्हारे पिता को एक बार देखने की अभिलाषा पीछा नहीं छोड़ती। फिर तुम्हारी भी चिन्ता है। हम जीवित रहे। मुझे पुरुष स्पर्श का कोई अनुभव नहीं था। उन्होंने मेरा हठ तोड़ा, मुझे निर्वसन करके शैया पर लिटाया, मेरे हाथ-पाँव जकड़ दिये, मुँह पर पट्टी बाँध दी—फिर मेरा कौमार्य भंग हुआ—उसने मुँह पर उँगलियाँ फिरायीं, वे रूखे खुरदरे हाथ थे—त्वचा पर उत्तेजना की अगरु नहीं जलाते थे—जब उसने होठों पर चुम्बन लेना चाहा तो मैंने काट लिया—उसने थप्पड़ मारे—तब मैंने आँखें खोलीं,

उसका चेहरा देखा—उत्तेजना से कसे जबड़े—वह मेरी जाँघों के बीच था—मुझ पर झुका हुआ—उसने मेरे अंगों को मसला—मुझे उत्तेजना नहीं हुई, वितृष्णा हुई। मैं पीड़ा से चीत्कार कर उठी—उसे मेरे क्रोध, मेरी घृणा का कोई बोध नहीं था—हर काम-प्रहार के साथ पीड़ा का दंश बढ़ता गया—मेरा रक्तस्राव हो रहा था—काम-प्रहारों के आरोह-अवरोह के साथ उसकी साँस धौंकनी की तरह चल रही थी—मैंने ईश्वर से पूछा, तुमने क्यों बनाया बलात्कार? यातना की ऐसी सूक्ष्म और परिष्कृत प्रणाली का आविष्कार क्यों किया? स्त्री का मनोबल, आत्म-सम्मान, गरिमा, अहं—सब एक ही झटके में सदा के लिए तोड़ने की पद्धति—मेरी एड़ियों और कलाइयों पर रस्सियों की रगड़ की अनुकृति बन गयी—फिर अपनी देह के सबसे कोमल अंग में अपनी इच्छा के विपरीत मुझे उसके उच्छिष्ट को धारण करना पड़ा—अपमान और आत्म-भर्त्सना का इससे गर्हित रूप और है कोई? रात को उन्होंने मुझे अम्बा के पास छोड़ दिया—हम दोनों नग्न थीं—हमें इसका बोध नहीं था। हम लज्जा से ऊपर उठ चुके थे। हमारे सम्बन्ध की प्रकृति बदल गयी थी। हम सखियाँ बन गयी थीं। मैंने अम्बा से पूछा, तुम्हारे पास विष है? अम्बा ने कहा, नहीं। फिर अम्बा रोयीं मेरे लिए—उन्होंने कहा, मेरा सपना था कि तुमको वधू के रूप में देखूँगी और जिस रात तुम सुहाग कक्ष में होगी, मैं सारी रात वीणा बजाऊँगी और मदिरा पीयूँगी—कि मेरी बेटी आज स्त्री बन रही है—मैंने अम्बा से पूछा, बलात् काम-प्रहारों के बीच तुम क्या सोच रही थीं? अम्बा ने क्रोध से मुझे थप्पड़ मारा—मैंने फिर वही पूछा। उत्तर मिला, तुम्हारे पिता को याद कर रही थी। हम जीवित रहे—क्रोध और घृणा की वैसी सघनता के साथ समझौता करके हम जीवित रहे। बिना उमंग, बिना आशा, बिना मुस्कान के जीवित रहने की दिनचर्या बनाना कैसा होता है? उस वर्तमान को धीरे-धीरे स्वीकार करने की प्रक्रिया कैसी थी? धीरे-धीरे मेरी विरोध की सामर्थ्य घटती गयी। रति मेरे लिए पीड़ा और यातना का पर्याय बन गया—प्रारम्भ में पन्द्रह-बीस सैनिकों के नाम और चेहरे मुझे याद रहे। फिर उन पर कुहासा छाने

लगा। फिर पीड़ा-बोध की भी मेरी सामर्थ्य घटती गयी। क्रोध और घृणा का दंश कम होता गया। आँसुओं में कमी आने लगी। फिर किसी ने अम्बा और मुझे एक साथ अपनी वासना का ग्रास बनाया। मैंने अम्बा से कहा—अम्बा, अब मैं मर जाना चाहती हूँ। तुम्हारे पास मेरे पिता से मिलने की आशा है। मेरे पास कोई आशा नहीं। विष का प्रबन्ध हो गया। मैं पीने वाली थी, अम्बा ने मुझे रोका। अचानक उनका विचार बदल गया। अब वह मुझसे पहले मरना चाहती थीं। मैंने विवाद नहीं किया। अम्बा को मरते हुए देखा। अब मेरी बारी थी। विष पात्र हाथ में लिये देख रही थी मैं। तभी एक सैनिक झपटकर आया। वह नीलपर्ण था। उसका व्यवहार वैसा ही था, जैसा सभ्य संसार में होता है। अम्बा को अभी-अभी खोया था मैंने। उसके बोध से आँसू अब निकले। बाद में मैंने विष हाथ में लिया, लेकिन पीने तक नहीं पहुँची। इच्छा नहीं हुई—अम्बा की मृत्यु की साक्षी होने के बावजूद। फिर नीलपर्ण ने मुझे वासना-शिविर से मुक्ति दिलवायी, मेरी यात्रा का प्रबन्ध किया। *(मल्लिनाग से)* अगले संस्करण में तुम्हें बलात्कार का विश्लेषण भी करना चाहिए।

(गायकवृन्द आलाप लेता है। मेघाम्बरा चली जाती है। स्तब्ध कौटिल्य। मल्लिनाग टूटा हुआ। आलाप गहन होता है। अगले गीत के बीच मल्लिनाग को संन्यासी का वेष दिया जाता है; कौटिल्य धीरे-धीरे लड़खड़ाते हुए जाता है)

गायकवृन्द : माँगे मिल जाती मृत्यु अगर
जीवन कितना सुन्दर होता!
तीखे तनाव से बच जाता।
मिल जाती मुक्ति अनिद्रा से।
मर्मान्तक पीड़ा से, ज़हरीले सपनों से।
दुर्दम्य यातना देने वाले अपनों से।
जिस पल चाहो तोड़ो साँसों की कारा को।
हा सुलभ सभी को काश, कहीं यह वर होता।

(प्रकाश-व्यवस्था बदलने के साथ फिर आलाप। मल्लिनाग चलने लगता है)

सूत्रधार : विराग मार्ग का प्रथम चरण बहुत दारुण था, क्योंकि जीवन में

पहली बार मल्लिनाग के सामने समय व्यवहार का कोई कार्यक्रम, जीने का कोई उद्देश्य नहीं था। गहरी और तीखी रिक्ति मन में भरी हुई थी और मल्लिनाग चल रहे थे और बस, चल रहे थे। उन्होंने सोचा, शरीर को इतना कष्ट दो कि सहने की शक्ति बढ़ते जाने के साथ वेदना का दंश घटता चला जाए। वे निद्रा की अवधि घटाते हुए उसे शून्य तक ले आये, कन्द-मूल का तिरस्कार कर दिया, पाँव में चोट लगी, तो रक्त बहने दिया कि देखूँ, पीड़ा कितनी मर्मान्तक होती है, कब तक चलती है, और उसकी गहनता कैसे कम होती है। पीड़ा की हिलोर से आँसू निकल आये। मल्लिनाग लड़खड़ा गये, मूर्छित होकर गिर पड़े। आँखें खुलीं, तो अपने को सूने पर्वत पर पाया। हिम से ढँकी गुफा में मल्लिनाग ने समाधि के आत्ममन्थन चरण पर ध्यान केन्द्रित किया। अपनी प्रवृत्ति, विकृति, अहं, कामना, लालसा, और महत्त्वाकांक्षा से मुठभेड़ की, जीवन में पाया और खोया शीर्षकों के नीचे अपनी भावनाओं, अनुभूतियों और स्मृतियों को खँगाला। मैं क्या था की वस्तुनिष्ठ चीरफाड़ की। अब मैं क्या चाहता हूँ के चरण में पहुँचे, तो मेघाम्बरा का मुखड़ा नहीं था, धुन्ध की परतें थीं—धीरे-धीरे घनी होती हुईं—तभी भूचाल की पहली ठेस लगी। *(संकट द्योतित करने वाला आलाप; आगे सूत्रधार के संवाद के अनुसार मल्लिनाग मूकाभिनय करता जाता है)* जब मल्लिनाग की चेतना लौटी, तो उन्होंने अपने को ध्वस्त जनपद में पाया। यहाँ एक औषधालय होना चाहिए, मल्लिनाग की पहली प्रतिक्रिया यह हुई। वह दान माँगने लगे। क्योंकि शालीन संन्यासी को देखकर सामान्य नागरिक की पहली प्रतिक्रिया ही दान देने की होती है, इसलिए उन्हें अधिक समय नहीं लगा। दूसरी बात यह थी कि आकर्षक संन्यासी सामाजिक कल्याण से पीड़ित था, मन्दिर-निर्माण के लिए नहीं। कुछ समय बाद आत्मनिर्भर औषधालय की स्थापना हो गयी। धीरे-धीरे कन्या विद्यालय, कुटीर उद्योग, और भाँति-भाँति के आजीविका से जुड़े प्रशिक्षण केन्द्र भी चलने लगे। *(सुर बदलकर)* स्वामीजी दिन भर कोल्हू के बैल की

तरह काम करते थे, सन्ध्या-समय प्रवचन देते थे। उनकी मान्यता थी कि वैरागी तीन प्रकार के होते हैं। विरक्त वैरागी प्रकृति के एकान्त में केवल अध्यात्म से सरोकार रखता है, अनुरक्त वैरागी मठाधीश बनकर सत्ता और सुविधा का उपभोग करता है। कार्यशील वैरागी जब तक धूप रहती है, कार्य करता है, *(अब मल्लिनाग पालथी मारे बैठा है)* अँधेरा होने पर प्रभु के पास जाता है, जिसका पहला चरण है मौन— खुले आकाश के नीचे, जहाँ प्रकृति के उपादान उससे संवाद करते हैं। उनकी मान्यता थी कि साधना या आराधना का सर्वोच्च प्रकार मौन है। मौन ईश्वर की भाषा है। उसका जादू एकान्त में समझा जा सकता है, उन पलों में अपनी आत्मा से मुठभेड़ होती है और अस्तित्व की विशुद्ध चेतना का अनुभव किया जा सकता है। यह गहन शान्ति की अनुभूति है, जो भीतरी ब्रह्मांड को आलोकित कर देती है।

मल्लिनाग : *(प्रवचन की मुद्रा में बैठा है)* जब जीवन दुःख पहुँचाता है, तो उसे शिक्षा समझना चाहिए। कुछ लोगों के लिए सुख का सन्धान अँधेरे में काली बिल्ली ढूँढ़ने के बराबर है। कुछ लोगों को सुख की अनुभूति नहीं होती; वे विचलित, भ्रमित, और दुःखी रहते हैं। ऐसा इसलिए है, क्योंकि उनकी चोट भीतरी है। उन्होंने बीते दिनों में अपनी किसी भूल की क्षमा नहीं माँगी, दोष की भरपाई नहीं की, पाप का प्रायश्चित नहीं किया, दुःख के बिना जीवन की अवधारणा असम्भव है। इसलिए दुःख के बारे में चिन्ता करना समय और शक्ति का अपव्यय है। हमें दुःख को जीवन का एक अविभाज्य तत्त्व स्वीकार करते हुए अपने दुःख से शिक्षा लेनी चाहिए। संसार में बिना उद्देश्य के कुछ नहीं होता। पीड़ा सूचना है। आपने ज्वाला पर हाथ रख दिया और आप जल गये। अग्नि आपको चेतावनी दे रही है कि मुझसे दूर रहो। आपके पेट में पीड़ा हुई। भीतर का विकार आपको बता रहा है कि आपको उपचार की आवश्यकता है। भावना की पीड़ा हमको बताती है कि हम गलत दिशा में सुख ढूँढ़ रहे हैं। हमको मीठे और कड़वे—दोनों प्रकार के

अनुभवों से निकलना होता है तो इस प्रक्रिया में हम और परिपक्व, और सम्पूर्ण होने का प्रयास क्यों न करें? हमें अपने भीतर के निचले तल से—जहाँ आरोप, क्रोध, और घृणा हैं—ऊपर उठ शक्तिवान तल तक पहुँचना है, जहाँ क्षमा, करुणा, और स्नेह हैं। जो व्यक्ति यह सम्भव कर लेता है, उसकी मृत्यु वैसे ही समझनी चाहिए, जैसे पुष्प का पूरी तरह खिलना।

सूत्रधार : अनेक वर्ष बीत गये। मल्लिनाग को पता नहीं था कि उनके जनपद में कब के निर्वाचन हो चुके। नयी व्यवस्था आ गयी। उसने अनेक पिछले निर्णयों को बदल दिया। सबसे पहले नैतिक दंडाधिकारी का पद समाप्त कर दिया गया। लवंगलता अपने पद पर पुनःप्रतिष्ठित हो गयी। कोकिला के दंड को अवैध घोषित करते हुए उन्हें मुक्त कर दिया गया।

(प्रकाश-व्यवस्था बदलती है, मल्लिनाग आसन पर बैठा है। सूत्रधार दो बलिष्ठ संन्यासियों के साथ सन्दीपन को पकड़े प्रवेश करता है)

सन्दीपन : *(मल्लिनाग से, कुढ़ा हुआ)* तुम अभी भी मेरे पीछे पड़े हो? यहाँ मुकदमा ठोक कर वहाँ से मेरा अपहरण करवा लिया? जब संसारी थे, तब भी मलंग थे, अब संन्यासी होते हुए भी मलंग हो। पर मेरी समाज में अब कितनी प्रतिष्ठा है, उसका तो विचार किया होता!

मल्लिनाग : मेरे शुल्क का हिसाब क्यों नहीं दिया?

सन्दीपन : संसार छोड़ चुके हो, पर आत्मा अभी भी शुल्क से बँधी है?

मल्लिनाग : मेरा कितना बनता है?

सन्दीपन : अपने साथ ले जाओगे? वहाँ रम्भा के लिए कुसुम्भी कंचुकी लोगे? उर्वशी को रत्नजटित चन्द्रहार पहनाओगे?

मल्लिनाग : नयी अट्टालिका में गृह-प्रवेश किया और मुझे बुलाया भी नहीं?

सन्दीपन : न्यायालय के बाहर समझौता कर लो।

मल्लिनाग : अब तक तुम कितनी बार कोटिपति बन चुके हो?

सन्दीपन : तुम मौसम्बी रस के बजाए भांग पीने लगे हो क्या?

मल्लिनाग : मेरे ग्रन्थ की कितनी अरब प्रतियाँ बची हैं अब तक?

सन्दीपन : *(भोजपत्र बढ़ाता है)* हिसाब बाद में बनता रहेगा, अभी मैं तुमको पच्चीस सहस्र स्वर्ण मुद्राएँ देता हूँ। यहाँ हस्ताक्षर कर दो। आज किसका मुँह देखा था भोर की बेला? स्वर्णिम प्रभात...।

मल्लिनाग : पच्चीस अरब पर सौदा हो सकता है।

सन्दीपन : *(उसे स्तब्ध होकर देखता है, रोने लगता है)* हे प्रभु अक्षरशत्रु, वह कौन-सी काली घड़ी थी, जब 'कामसूत्र' के राहु ने मेरे जीवन में प्रवेश किया! जीवन भर सताया, रुलाया, तड़पाया, मारा, काटा, भूना, चबाया—अभी भी पीछा नहीं छोड़ता। संन्यासी बन गया, लेकिन प्रतिशोध की भावना से मुक्त नहीं हुआ। *(सुर बदलकर)* बन्धु, सखा, मीत! मोक्ष नहीं मिलेगा तुमको, क्योंकि तुम संस्करण संख्या को लेकर भ्रम पाले हुए हो।

मल्लिनाग : मैं तुमसे प्रकाशन-अधिकार वापस ले रहा हूँ। जितनी प्रतियाँ बची हैं, मुझे लागत मूल्य पर दे दो।

सन्दीपन : अब तुम वैराग्य प्रकाशन खोलोगे?

मल्लिनाग : कितना भुगतान करूँ?

सन्दीपन : *(उसके पाँव दबाने लगता है)* जो राशि मैं दे रहा हूँ, लेकर यह विवाद समाप्त कर दो। तुम विद्वान और मनीषी हो, ज्ञान के अग्रदूत हो, संस्कृति के इतिहास में तुम्हारा नाम आ ही चुका है। मैं अकिंचन, छोटा-सा व्यवसायी—सौ साल बाद मेरा कोई नामलेवा भी नहीं होगा, जबकि तुम तो कब से आलोक-स्तम्भ बने हुए हो।

(सूत्रधार चुप है)

मल्लिनाग : तुम प्रवंचक हो, यह मान लो।

सन्दीपन : *(सूत्रधार से)* क्या मुझे इनके मुँह लगना शोभा देता है?

(सूत्रधार नाहीं में सिर हिलाता है)

सन्दीपन : क्या इनको मेरे मुँह लगना शोभा देता है?

सूत्रधार : बिल्कुल नहीं।

सन्दीपन : मेरी अन्तरात्मा और देवी सरस्वती साक्षी हैं कि मैं तुमको सही शुल्क का भुगतान कर रहा हूँ।

(छोटी-सी थैली बढ़ाता है, दोनों की दृष्टि मिली है)

मल्लिनाग : तुम्हारी चिता पर चन्दन की लकड़ी के लिए इसे मेरी ओर

से उपहार समझो।

(सन्दीपन बहुत बड़ी मुस्कान देता है, एकदम भागता है। प्रकाश-व्यवस्था बदलती है। मल्लिनाग अपनी जगह प्रवचन की मुद्रा में है)

मल्लिनाग : जीवन में दुःख आता है, तो यन्त्रणा का अनुभव क्यों होता है? यन्त्रणा अपने-आप में औषधि है। किसी के जीवन में यन्त्रणा का आगमन नकारात्मक तत्त्व नहीं। व्यक्ति के अवचेतन में जो नकारात्मक प्रवृत्तियाँ होती हैं, वही बाहर प्रकट होकर दुःख का रूप धारण कर लेती हैं। अगर यन्त्रणा को धैर्य के साथ सहन किया जाए, तो यन्त्रणा न केवल हमारे अतीत के दोष भरे आचरण को धीरे-धीरे धुएँ की तरह उड़ा देती है, वरन् हमारे अवचेतन को भी धो डालती है और हमें अपने व्यर्थ मोहपाश का बोध कराती है।

(मेघाम्बरा का चुपचाप प्रवेश)

मल्लिनाग : व्यक्ति का सारा दुःख किसी वस्तु, विचार, या व्यक्ति से मोह के कारण होता है, जब हमारी भावना की गहनता के अनुरूप बढ़ी हुई हमारी अपेक्षा पूरी नहीं होती। अगर हम अपने जीवन के यन्त्रणा-काल का उपयोग संसार के साथ अपने सम्बन्ध के आकलन में करें, तो हममें आमूल परिवर्तन लाया जा सकता है। व्यक्ति में मानसिक, बौद्धिक, और भावनात्मक—ये तीन तल होते हैं। दुःख की अवस्था में होता यह है कि व्यक्ति की विचार शृंखला इस धुरी पर केन्द्रित रहती है—मैं दुःखी हूँ, और यह एक भावना ही उसके समूचे व्यक्तित्व की पहचान बन जाती है। अगर हम अपने से अलग हटकर तटस्थ दर्शक के समान अपनी दुःखी भावना को देखने की सामर्थ्य जुटा सकें, तो हमारी विचार शृंखला मैं दुःखी हूँ से बदल कर यह दुःखी विचार है तक लायी जा सकती है।

मेघाम्बरा : प्रणाम!

(मेघाम्बरा को देखता है)

मल्लिनाग : भद्रे, कौन-सा कष्ट है, जिसने आपको इस तपोवन में आने के लिए विवश किया है?

मेघाम्बरा : दर्शन के लिए आयी हूँ।

मल्लिनाग : मुझमें मनोकामना पूरी करने की सामर्थ्य नहीं। ऐसी क्षमता वाले प्रभु के प्रतिनिधि महानगरों को पलायन कर गये हैं।

मेघाम्बरा : अब पहचानने में भी कठिनाई हो रही है?

मल्लिनाग : स्वर ऐसा लगता है, जैसे पिछले जन्म में सुना हो।

मेघाम्बरा : आँखें मिलाकर कुछ याद करो।

मल्लिनाग : ऐसा आह्वान? विरागी को राग की रागिनी सुनाने का क्या अभिप्राय है पुण्यवती?

मेघाम्बरा : अनुरागी से विरागी भले ही बने हों, पर रहेंगे तो प्रेमशास्त्र के विशेषज्ञ!

(मल्लिनाग ध्यान से देखता है)

मल्लिनाग : आपसे जो आघात पाया था, उसी का परिणाम सामने है।

मेघाम्बरा : बहुत क्रोध है मेरे ऊपर?

मल्लिनाग : संन्यासी वही बनता है देवि, जो राग-द्वेष से मुक्त हो जाता है। महामहिम तुम्हारे जिस सुख के लिए व्याकुल थे, आशा करता हूँ कि वह मिल रहा होगा?

मेघाम्बरा : कुछ अपने भाग्य और कुछ तुम्हारी करनी से उस सुख की चाह सदा के लिए बुझी रही।

मल्लिनाग : नये समीर के गवाक्ष पर साँकल नहीं लगायी जाती। जीवन अनन्त सम्भावनाओं से भरा है।

मेघाम्बरा : स्त्री का जो पक्ष पुरुष-प्रेम के विचार से तरंगित होता है, उसकी साँस मेरे भीतर बहुत पहले टूट गयी थी। मेरे भीतर जितनी भावनाएँ थीं, वे तरल घृणा में बदलकर मेरे तथाकथित पिता के खाते में जमा होती रहीं। वह अन्तिम समय में तुम्हें याद करते रहे।

मल्लिनाग : प्रभु उनकी आत्मा को शान्ति दे।

मेघाम्बरा : शान्ति उनको नहीं मिली, न मिलनी चाहिए थी।

मल्लिनाग : वात्सल्य से छलकता उनका हृदय था, स्नेह की प्यासी तुम्हारी आत्मा थी, पर तुम अपने अतीत बन्धनों से नहीं छूट सकीं।

मेघाम्बरा : माँ के तिल-तिल जलने के दुःख का अपमान जो होता।

मल्लिनाग : अब पर्वत-जैसा जीवन काटने का क्या आयोजन है?

मेघाम्बरा : मन बुझा हुआ है। धुएँ की रेखाएँ उठती अवश्य हैं, पर वायु के झोंकों से धीरे-धीरे विलीन हो जाती हैं। कन्या

कल्याण कोष जीवन का प्रमुख लक्ष्य बना हुआ है। उससे साँस लेते जाने की सार्थकता मिलती है। अपने लिए कोई उल्लास नहीं। उसकी कामना भी नहीं। तुम आश्रम में सार्थकता खोज कर जी लेते हो?

(करुण आलाप शुरू होता है)

मल्लिनाग : *(धीरे-धीरे प्रवचन की मुद्रा में आ जाता है)* जीवन सरल नहीं; जीवन चोट पहुँचाता है, जीवन पीड़ा भरा है, जीवन यातना देता है। जीवन का कोई पक्ष ऐसा नहीं, जिसमें परीक्षा न होती हो। यहाँ तक कि जीवन में ऐसा कुछ भी महत्त्वपूर्ण नहीं मिलता, जिसका मूल्य न चुकाना पड़े।

(श्रीवल्लरी आकर मेघाम्बरा के साथ खड़ी हो जाती है, हाथ जोड़ लेती है)

सूत्रधार : लेकिन फिर भी हमें जीवन-पथ पर आगे बढ़ते रहना चाहिए। अगर हम ऐसा कर पाते हैं, तो आज हमारे आस-पास जितना अन्धकार है, कल थोड़ा छँट जाता है। हमें आत्ममन्थन करते हुए अपने संघर्ष से मुठभेड़ करना चाहिए, अपने दु:स्वप्नों को आँखों में डालकर देखना चाहिए।

(लवंगलता आकर मेघाम्बरा के दूसरी ओर खड़ी हो जाती है, हाथ जोड़ लेती है)

सूत्रधार : क्योंकि जब तक हम अपने जीवन का उधार नहीं चुकाते, वे विलुप्त नहीं होंगे, हमें चैन की साँस नहीं लेने देंगे। इसी विलोपन में हमारी आशा है। सबके जीवन में विलोपन की बेला आती है। जैसे धरती की सतह हर बरस बदलती है, वृक्ष और पुष्प अपने आवरण से मुक्त होते हैं।

(कोकिला आकर अन्यों के साथ खड़ी हो जाती है, हाथ जोड़ लेती है)

सूत्रधार : देह भी इसी नियम से संचालित होती है। हृदय और आत्मा के लिए भी वसन्त ऋतु आती है। हर जीवधारी को अपने भाग के वसन्त की प्रतीक्षा करना चाहिए। वह उसका अधिकार, कर्तव्य, लक्ष्य, मन्तव्य, प्रारब्ध, और अभिशाप—सब कुछ है।

(अन्तिम पंक्तियों के साथ गीत आरम्भ होता है)

गायकवृन्द : कामना बिसार दो प्रभु

करो ये उपकार ओ प्रभु
भावतन्त्र भोथरा करो
इन्द्रियों का बोध ना रहे
पोंछ दो अनुभूतियों का पाठ
कुन्द संवेदना रहे
चेतना बुहार दो प्रभु
ज्ञान समय को विलुप्त कर
वर्ष-मास भेद मिटा दो
शून्य के प्रवाह में बहा
स्मृति प्रकोप घटा दो
शान्ति का उपहार दो प्रभु!
(अन्धकार)

❑ ❑ ❑